踏雪寻梅

——中国梅文化探寻

张建军　周延　著

齊魯書社

图书在版编目(CIP)数据

踏雪寻梅:中国梅文化探寻/张建军,周延著. —济南:齐鲁书社,2010.1
ISBN 978-7-5333-2373-8

Ⅰ.踏… Ⅱ.①张…②周… Ⅲ.梅—文化—中国
Ⅳ.S685.17

中国版本图书馆 CIP 数据核字(2009)第 242291 号

踏雪寻梅——中国梅文化探寻
张建军 周延 著

出版发行	齊魯書社
社　　址	济南经九路胜利大街 39 号
邮　　编	250001
网　　址	www.qlss.com.cn
电子邮箱	qlss@sdpress.com.cn
印　　刷	山东新华印刷厂
开　　本	710×1010 /16
印　　张	13.25
插　　页	3
字　　数	148 千
版　　次	2010 年 1 月第 1 版
印　　次	2010 年 1 月第 1 次印刷
标准书号	ISBN 978—7—5333—2373—8

定价:28.00 元

前　言

梅花在中国,为"四君子"之首,既称君子,则说明所重在其品格,而花草树木本无知无情,其品格究其根本,仍然是来自于人的精神之寄托。按心理学家的说法,是梅的品格与精神实为人的品格与精神的投射,是人赋予其品格与精神。

因此寻梅之"寻",寻觅的当是梅的品格与精神。这种品格与精神,在中华文化中又是由"意象"来体现的,从"盐梅和羹"的梅果意象到"折梅寄情"的梅花意象,再到把整个梅树、梅花视为一完整的君子人格的梅魂意象,梅的形象完成了从实用性的调味与医药到精神性的赋予理想、寄托人格的转变。所谓寻梅的历程,既是中华思想、中华文艺对梅的意象进行建构,对其精神意义进行发掘的历程,也是中国古代仁人在梅身上实现人格建构的历程。

"折花逢驿使,寄与陇头人。江南无所有,聊赠一枝春。"梅是春天的讯息。

"念其霜中能作花,露中能作实","风虽强暴翻添思,雪欲侵凌更助香",梅是傲霜的勇士。

“凌厉冰霜节愈坚，人间乃有此癯仙”，“无意苦争春，一任群芳妒”，梅是耿介、孤傲的士君子。

“青山有幸埋忠骨，梅花清贞伴义魂”，梅是忠贞不屈、慷慨激昂的烈士。

……

《诗经·小雅》中就有“山有嘉卉，侯栗侯梅”的描写，看来，周朝人已经能够欣赏梅，认为它是“嘉卉”，即好花木，但从并列的“栗”看，这里所看重的可能只是梅果的可以食用之“嘉”。梅果在《尚书》中被商王武丁拿来比拟有治国之才的傅说：“如果将治理国家比喻为烹调羹汤，你傅说就是烹调所需的盐和梅。”及至南北朝时陆凯的一首寄友人之诗，才使人们对梅的认识从此更关注于梅花。梅花的意象，在与其他众芳的对比中而彰显。鲍照以梅与杂树相对比，赞叹其傲霜独放。可能是因为梅开在冬末初春的寒冷中，而桃李开在暮春三月的温暖风光里；也可能是桃李灼灼艳丽的花朵与硕大丰满的果实与梅清淡瘦小的花、果之间的自然反差，人们渐渐用梅与桃李相对比，最终由苏东坡定论：“天教桃李作舆台，故遣寒梅第一开。”桃李只能算是梅的仆人。南宋诗人陆游，更是把梅花放在了国色天香的牡丹之上。

从对梅花的欣赏到从梅花中提炼、升华出“梅魂”的意象，梅意象在中国文艺中完成了它的建构。寂寞中的爱国志士陆游的“无意苦争春，一任群芳妒。零落成泥碾作尘，只有香如故”，令人低首吟咏，回味不已；国破家亡的“疾风劲草”中，慷慨赴义的明末忠烈史可法遗言“我死，当葬梅花岭上”,让人深思。梅的品格,正是无数孤高隐者、耿介文人与忠烈士人共同树立的人伦的标尺与精神寄托。

梅的欣赏,梅的精神之发现,是通过诗、通过音乐、通过画的。通过诗,吟咏之,嗟叹之;通过音乐,想象之,追念之,如在暗香中;通过画,传其形,传其象,传其神,传其意。何逊咏早梅,王安石咏梅香,苏轼咏梅格,刘克庄咏落梅,高启咏雪梅……通过诗,诗人们吟咏出了梅之格调气质。在《梅花三弄》的欣赏中,听音乐之声如闻梅香之“临风三嗅还三弄,清极香中太古音”。梅花高洁、安详、傲雪凌霜的形象都在音乐的乐音与梅香的通感、联觉中飘然而来。通过音乐,音乐家追踪着梅的韵律。华光仲仁画墨梅,开画墨梅之先路;扬补之画村梅,在画梅中进一步彰显了梅的清与逸;王冕自题其《墨梅图》诗云:“吾家洗研池头树,个个华开澹墨痕。不要人夸好颜色,只流清气满乾坤。”将墨梅画的精神表露无遗。画家们在不同的时代于画幅中写出了自己对梅的体认与理解。通过画,不同时代的画家画出了心中不同的梅的风姿、倩影。梅的精神,就这样在诗人、画家手中走向丰富、博大,含蕴无穷。

咏梅、画梅、赏梅,都是雅事。此中,咏梅、画梅的前提是赏梅;而赏梅的学问,并非仅仅来自知识,同时也来自人的情操。处士林逋既有“梅妻鹤子”的典故,又有“疏影横斜水清浅,暗香浮动月黄昏”的佳句;而更重要的是,林逋将梅的欣赏境界提升了一个层次,由魏晋南北朝以来的赏花、闻香提升到知品、识韵，提升到对梅的风姿、神韵的欣赏与发掘，提升到对梅的精神与品格的赞扬。在梅的欣赏中，林逋开启了梅花作为道德人格象征的历史进程，他为梅花打上了“处士”人格的烙印。和兰与屈原、菊与陶渊明、莲与周敦颐一样，梅花也紧紧地与林逋连接在一起。辛弃疾《浣溪沙·种梅菊》即有：“自有渊明方有菊，若无和靖即无梅。”

赏梅既是雅事，也是闲事，需要较多的闲暇，需要对梅的知识有丰富的了解。清代李渔的《闲情偶寄》“专门研究生活乐趣，是中国人生活艺术的袖珍指南”。书中写道，赏梅之时，需要专门的器具：“观梅之具有二：山游者必带帐房，实三面而虚其前，制同汤网，其中多设炉炭，既可致温，复备暖酒之用。此一法也。园居者设纸屏数扇，覆以平顶，四面设窗，尽可开闭，随花所在，撑而就之。”帐房、纸屏，可谓讲究。

梅虽被赋予了高洁的品格，但亦为寻常百姓所爱。大众百姓赏梅，亦有民俗中的吉祥含义寓于其中，福、寿、喜，皆为梅之意象中所具有的含义。

寻梅、咏梅、画梅、赏梅，在每个人的心中，梅似乎早已是不可缺少、不可忘却的精神家园的象征。

“踏雪寻梅”，梅的花、果、枝、干，梅的形，梅的姿，梅的影，梅的魂，都在世间沧海桑田的变换中逐渐显得深邃与丰满，而梅的精神以及由此形成的“梅文化”，在中国人的心灵与人格中已然根深叶茂。

目　录

小　引

中国是梅的原产地。梅在中国的栽种与应用有着非常悠久的历史。而最初，人们种植梅树的目的，仅仅就是为了梅的果实。鲜梅果的有机酸含量高，含糖量少，所以格外酸，因此古人就以酸梅作为调味品，如同今日烹调所用的醋。《尚书·说命》云："若作和羹，尔惟盐梅。"在炖肉时放上梅容易烂熟，这一烹调习惯至今仍在云南下关等地的白族人的生活中延续着。宋代的时候，江南一带的人往往称梅子为曹公，这显然是因为曹操著名的"望梅止渴"的故事。聪明的曹操利用梅的甘酸使士兵们产生条件反射，从而暂解干渴之苦，振奋精神，尽快地找到了水源。一些诗人则从梅子的口味之酸联想到自己情感上的苦酸。如鲍照《代东门行》："食梅常苦酸，衣葛常苦寒。"用食梅、

〔三国〕曹操像

衣葛类比离别后的辛酸与凄凉。

人们在利用梅果的食用价值的同时，也因梅枝姿态奇特(或直如修竹，或垂如繁柳，或曲如盘槐)，且花型多样，富有韵味，遂发现了梅花的观赏价值。早在《诗经·小雅》中，就有“山有嘉卉，侯栗侯梅”的描写。汉代的时候，皇家上林苑就已经有朱梅、胭脂梅、侯梅、紫蒂梅、同心梅、丽友梅等名目，这说明当时可供观赏的梅已经有很多品种了。扬雄的《蜀都赋》中有“被以樱梅，树以木兰”的记述，可见在两千年前，梅就已经作为城市园林绿化的材料了。

梅对土壤的要求不高，颇耐瘠薄，少病虫害，所以能够成为长寿树种。云南昆明曹溪寺有两棵700年树龄的元代梅花(可惜其中一株已在“文革”中死去)，每年仍着花甚繁，有时还结果累累。杭州超山原有20株宋梅，由苏轼手植（1056年），至最后一株枯死(1933年)，树龄长达877年。清人梁绍壬在其所著《两般秋雨庵随笔》中云：“真州城东十余里淮提庵，有古梅一株，大可蔽牛，五干并出，相传为宋时物。康熙中，树忽死，垂四十年复活，枝干益繁，花时光照一院。”清朝名士阮元为其题名曰：“返魂梅。”

梅作为调味品，有自己的媒介作用。古人大概就以此为据，以“梅”衍生出“媒”字。《诗经》中的《摽有梅》是女子采集梅子时唱的情歌：

摽有梅，其实七兮。求我庶士，迨其吉兮。

摽有梅，其实三兮。求我庶士，迨其今兮。

摽有梅，顷筐塈之。求我庶士，迨其谓之。

暮春时节，梅熟而落。女子采梅，触景生情，不禁慨叹自己青春流逝，却嫁娶无期，遂急迫地道出了自己怜惜青春、渴求爱情的心声。《诗经毛传》解释道:"'梅'、'媒'声同,故诗人见梅以起兴。""梅"与"媒"音同形似,古人就把梅子看做是"媒合之果"。唐代郑世翼《看新婚》诗:"初笄梦桃李,新妆应摽梅。"就是用的这个典故。唐代诗人李白的"郎骑竹马来,绕床弄青梅",则是后世"青梅竹马"的源头。

唐爱牡丹,宋爱梅花。到了宋代,有关梅花的诗词连篇累牍,甚至认为诗句中有"梅花"两个字就有清意。由于诗词的数量众多,一些文人就开始留意梅花作品的整理编纂工作。如《宋史·艺文志》记载有《宋初梅花千咏》二卷;黄大舆编的《梅苑》是现存仅见的宋人咏梅总集,其中有30多人的词作唯赖它才得以流传;陈咏的《全芳备祖》是植物学资料汇辑,以梅花居首,共收咏梅诗186首、词81首;宋末的方回在《瀛奎律髓》中单独将梅花诗列为一类,收宋代律诗192首。元代的郭豫亨,凡见梅花杰作必随手抄录而歌咏之,遂集句得诗百篇,名为《梅花字字香》。又有以拟人的手法为梅花作传的,如王冕的《梅华传》、明代何乔新的《梅伯华传》、明代洪璐的《白知春传》等。

尤其需要指出的是宋代诗人范成大于1186年撰成的《梅谱》,它是中国古代第一部有关梅花品种的专题谱录。其序曰:

> 梅为天下尤物,无问智、愚、贤、不肖,莫敢有异议,学圃之士必先种梅,且不厌多,他花有无多少皆不系重轻。余于石湖玉雪坡既有梅数百本,比年又于舍南买王氏僦舍七十楹,尽拆除之,治为范村,以其地三分之一与梅。吴下栽梅特盛,其品不一,今始尽得之。随所得为之谱,以遗好事者。

石湖玉雪坡上，梅开数百枝，犹不能尽兴与满足，范成大又买下临近人家的七十间屋子，将三分之一的地面又全部种上了梅花。可见其爱梅喜梅，直是达到了如醉如痴的地步！

自范成大的《梅谱》以后，明代的王象晋著《群芳谱》，记梅花品种达 19 种之多，且各附简单记载；约在同时期，周文华著《汝南圃史》、徐光启著《农政全书》，均记载了若干梅花品种。到了清代，梅花的栽培益盛，品种繁多，如陈淏子的《花镜》所记载的梅花品种就多达 21 种。

在绘画方面，《华光梅谱》是画墨梅行之有效的技法总结。宋代的宋伯仁从梅花的蓓蕾、小蕊、大蕊、欲开、大开、烂漫、欲谢、就实等过程中形象地绘出一百幅不同姿态的梅花，每幅配有题名和五言诗一首，然后雕版刊刻，雕工极其精细，名为《梅花喜神谱》。这是第一部以梅花为艺术形象的木刻雕版画谱。

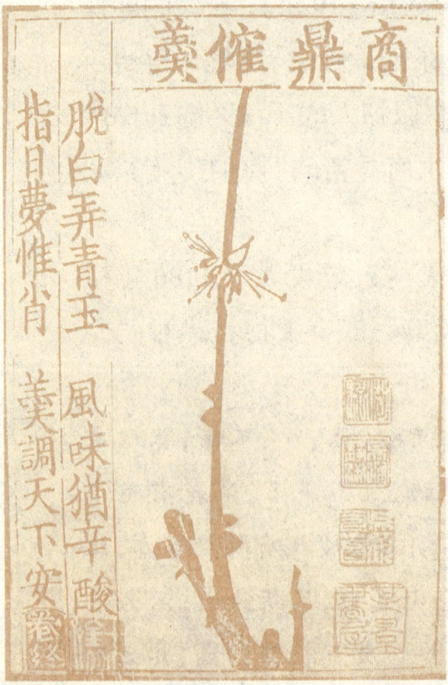

〔宋〕宋伯仁《梅花喜神谱》

“隆冬到来时，百花迹已绝。红梅不屈服，树树立风雪。”梅花往往是在冬末春初、腊尾年头时凌霜开放。梅也因此而成为春的使者，诚如元代杨维祯有诗言：“万花敢向雪中出，一树独先天下春。”

明代洪璐曾把梅花称为"白知春",就是因为它花白而先天下春。梅花不畏冷寒,傲雪凌开,与松、竹并称"岁寒三友",历来为人所称颂。

古人云:梅花香自苦寒来！的确,梅花如不经严冬的冰霜之苦,就难得凸现怒放时的分外香！那么,就让我们踏上雪后银装素裹的大地,循着梅香,徜徉在"清芬"的梅的世界,去领略那份独特的孤高孑然,感受那份丰厚的人文情怀吧!

〔宋〕林椿《梅竹寒禽图》

第一章　寻　梅

〔明〕吴伟《踏雪寻梅图》

一枝两枝横复斜，

林下水边香正奢。

我亦骑驴孟夫子，

不辞风雪为梅花。

〔清〕金农《墨梅图》

这是清代金农的《墨梅》题画诗。诗中的孟夫子是指唐代诗人孟浩然。孟浩然曾经在大雪天骑着毛驴在河边走来走去寻找梅花，当人家问他的时候，他说："吾诗思在风雪中驴子背上。"从此以后，踏雪寻梅就成了爱梅者的行动指南。

踏雪寻梅，难道仅仅只是为了观赏梅花吗？难道真得仅仅只是为了发现一种稀有的梅花品种吗？对于个体来说，可能是这样的。但是对于我们拥有五千年文明史与梅花栽培史的中华民族来说，踏雪寻梅绝不仅仅只是为了赏玩梅花！

观照天地万物并把它类比于人事、道德甚至情感，是我们中华民族特有的思维方式。先贤们从天地自然的循环往复、变化更新中体验到人也必须奋发图强，在不断行进中完善自我，说：天行健，君子以自强不息。我们于青青翠竹领悟虚心有节，于郁郁青松吟咏岁寒不凋。而在梅花身上，我们领悟到更多的东西：梅子具酸味而被用作佐料，被人赋予"佐王化泽万民"之意；而修身治国平天下泽被万民，则是古代每位知识分子的志向。由梅花的傲雪凌霜，诗人吟出"风虽强暴翻添思，雪欲侵凌更助香”，即曾子所说的“士不可不弘毅”，鼓励人们在经历严酷的磨练与调整之后，要意志更加坚定，胸怀更加开阔，目光更加远大，生活更加充实。即使仍不为人所知，甚至为群小所忌、为敌对分子所执，亦是无怨无悔，甚至舍生取义、杀身成仁，就像梅花一样“零落成泥碾作尘，只有香如故”。

所以，梅花就是我们中华民族精神的象征。有歌唱道：“梅花梅花满天下，愈冷它愈开花。梅花坚忍，象征我们巍巍的大中华。看啊，遍地开了梅花，有土地就有它。”而我们祖祖辈辈孜孜以求的踏雪寻梅不就是为了找寻我们精神的家园吗？

第一节　盐梅和羹

〔商〕傅说像

傅说是商高宗武丁时代的一位贤臣。商朝到了小乙王的时候，国势已日趋衰微，小乙的儿子武丁是一位励精图治并有雄才大略的王。武丁即位以后，并没有马上插手朝政，而是冷眼旁观，思索复兴殷商的方略。他说：我之所以不言政，是因为现在我还没有治理朝政的能力，还缺一位得力助手。一天，武丁说自己梦见天帝赐予他一位贤臣，来辅佐他。随后让人将梦中之人画出，分头寻找，居然在版筑护路的奴隶中找到了这个人，他就是傅说。武丁立即任命傅说为宰相，傅说亦不负武丁之望，治国有方，使商王朝的国力大为增强，出现了政局稳定、经济发展、天下太平的兴盛局面。武丁在位的59年间，也是商朝最繁盛的时期。傅说的故事在《墨子》、《国语》、《吕氏春秋》、《帝王世纪》、《尚书》等古书中均有记载，内容大同小异。古人还有傅说死后化星的传说。在二十八宿箕星和尾星之间，有一颗明星，叫做傅说星。在《楚辞·远游》中，屈原有"奇傅说之托辰星兮"的感叹。而《庄子·大宗师》记载："夫道，有情有信，无为无形；可传而不可受，可得而不可见。……傅说得之，以相武丁，奄有天下，乘东维，骑箕尾，而比于列星。"认为傅说得上天之道，所以才会有如此大的功绩，才会死后化为星辰。

孟子从人的角度对傅说的成功作出了解释。他说：

舜发于畎亩之中，傅说举于版筑之间，胶鬲举于鱼盐之中，管夷吾举于士，孙叔敖举于海，百里奚举于市。故天将降大任于是人也，必先苦其心志，劳其筋骨，饿其体肤，空乏其身，行拂乱其所为，所以动心忍性，曾益其所不能。

〔战国〕孟子像

孟子分析了虞舜、傅说、胶鬲、管仲、孙叔敖、百里奚六位上古圣贤的事迹。他们对天下、对国家、对历史文化都作出了卓越而深远的贡献，而且他们都经历了常人所不能容忍的苦难。但是，在苦难面前，他们刚毅坚韧，不屈不挠，以恶劣的处境为熔炉，自我淬砺；以横逆的人、事为养分，涵养智慧，终于通过严格的考验，步步提高人生的境界，或成为仁民爱物的帝王，或成为辅弼君王的贤臣。孟子还进一步认为，像虞舜、傅说等圣贤之所以会饱经忧患，备历艰困，是因为只有“苦其心志，劳其筋骨，饿其体肤，空乏其身，行拂乱其所为”，才能“动心忍性，曾益其所不能”，这是上天将要“降大任于是人”，特意对他们的锻炼与考验。

〔宋〕马麟《晴雪烘香图》

傅说的丰功伟绩使得梅果拥有了建功立业、辅佐天子的意象。

武丁非常倚重傅说。《尚书·说命》记载了武丁赞扬傅说的话：王曰：“尔惟训于朕志。若作酒醴，尔惟曲糵；若作和羹，尔惟盐梅。”意思是：如果将治理国家比喻为造酒，你傅说就是造酒的酒糟；如果将治理国家比喻为烹调羹汤，你傅说就是烹调所需的盐和梅。武丁把傅说比作调羹时的盐梅，是充分肯定了傅说的功绩。于是盐梅和羹就成为后世人们常用的一个典故。

盐梅和羹有各种不同的表述。比如《旧唐书·于志宁传》中有“圣主握图，必资盐梅之佐”的话，就是说皇帝掌权以后，必定需要贤能大臣的辅佐。元代保巴的《周易原旨》中有“任调鼎者可不慎诸”的话，所谓“任调鼎者”，就是指那些掌权的辅佐大臣。《旧五代史·唐书·庄宗纪》中皇帝说“卿等位尊调鼎，名显代天”，这里的“位尊调鼎”显然是高官的意思。宋代史浩说自己“今处藩维，将试盐梅于商鼎”。唐代韩偓著名的《湖南梅花一冬再发偶题于化楼》中有“夭桃莫倚东风势，调鼎何曾用不材”的诗句，作者意思是：作为行政长官需要有真才实学，不才者即使凑巧得居要位，也不会久呆的。不经意之间，韩偓说出了调鼎名实不称的残酷现实：之前被尊称为调鼎的人都是实实在在的有才干的人，但是现在占据调鼎这个位置的人却往往是一些夭桃小人。这些丑陋的现实连累了盐梅和羹的纯洁性，以至于从宋代开始，人们已经非常谨慎地看待它了，说得最绝的是宋代张镃的《玉照堂观梅》：“从来嫌用和羹字，才到诗中俗杀

〔宋〕马麟《层叠冰绡图》

人。”一般的文人则是将盐梅和羹认作世俗人欲的权位名利，从而将它作为铺垫的材料。如宋代姚勉《声声慢》的“调羹鼎，只此花余事”，或如宋代赵彦端的《前调》：“冰姿玉骨，尘埃外看，自有神仙格，花中越样风流。曾是名标清客，月夜香魂，雪天孤艳，可堪怜惜向枝间。且作东风第一，和羹事，期他日。”

但是，“终期调鼎佐王，化泽万民”终究是古代知识分子梦寐以求的，虽然现在看来不免带有一些封建思想的成分，但是这句话无疑是对盐梅和羹的最正确的阐释：功利天下，造福百姓。从这一点来看陈师道的“鼎实自期终有待”与张耒的“调鼎自期终有实”，应该更能感受到诗人的理想与抱负。

第二节　折梅寄情

折花逢驿使，寄与陇头人。

江南无所有，聊赠一枝春。

这是南北朝陆凯所作的《赠范晔》诗。《荆州记》记载：陆凯与范晔交善，自江南寄梅花一枝诣长安与晔，兼赠诗。诗写得极清新、自然，以东风第一枝的梅将春的消息、真挚的友情和浓浓的思念传递给友人范晔。

把梅作为寄托相思感情的媒介物是古来已久的习俗，如《诗经》中的《摽有梅》以梅为媒。春秋时期，南方的越国已经形成了以馈赠梅花来表达友情的风气。西汉刘向的《说苑》中记载：春秋时，越国的使节诸发出使梁国，在晋见梁王时，将一枝梅花作为见面礼送给了梁王。当时梁王的臣属很不理解，认为献给堂堂一国之君的只是一枝梅花，哪有这样的礼数？从中不难看出由于地域文化的差异，北方的梁国没有这种风气，所以梁王的左右就非议起来，认为越国有轻慢之嫌，产生了误会。

越国这种以馈赠梅花来表达友情的风气一直流传下来，并在诗歌中得到体现。在晋杂曲歌辞《西洲曲》中有“忆梅下西洲，折梅寄江北”的诗句。梁武帝萧衍的《子夜四时歌·春歌四首》中有“兰叶始满地，梅花已落枝。持此可怜意，摘以寄心知”的吟唱。可见以梅表达爱情、友情，传达相思之情，折梅相赠在古代文学中早有表现。只是在《西洲曲》、《子夜四时歌》中，这种情感并非诗歌的主体思想，仅仅是起到起兴的作用。而陆凯的《赠范晔》则是将这种意念作为主体完整地表达出来，因此受到后人的推崇。于是，“陆凯”、“驿使”、“陇头春”等字眼频频在后世的咏梅诗词中出现，用来指代传递思念之情的梅花意象。如司马光的《梅花》：“驿使何时发，凭君寄一枝。”张舜民的《梅花》：“乱土无人逢驿使，江城有笛任君吹。”于谦的《和梅花百咏》：“马上相逢情不尽，一枝谁寄陇头春。”

〔明〕胡华鬘《墨梅图》

宋之问的《题大庾岭北驿》是一首巧妙运用陆凯典故的诗：

阳月南飞雁，传闻至此回。

我行殊未已，何日复归来。

江静潮初落，林昏瘴不开。

明朝望乡处，应见陇头梅。

这是宋之问流放钦州途经大庾岭时写的一首五律。大庾岭为五岭之一，古人用它作为南北的分界线，传说北雁南飞至此不过岭南。北方飞来的大雁到了这

〔宋〕宋徽宗《梅花绣眼图》

里就要转身回去，而我呢，非但不能滞留，还要翻山越岭，到那荒远的瘴疠之乡；这些北归的大雁知道自己什么时候可以到家，而我呢，何时才能重返故乡和亲人团聚啊！诗中由雁及人，两两相形，沉郁、幽怨，人不如雁的感慨深蕴其中。“明朝望乡处，应见陇头梅。”明晨踏上岭头的时候，再望一望故乡吧！虽然见不到它的踪影，但岭上盛开的梅花应该是可以见到的！虽然不可归，但作者多么希望能寄一枝梅安慰自己的亲人！诗中

虽没有一个“愁”字，却情致凄婉，愁绪满怀，柔婉动人。

春来花开，芳菲易逝，沦落天涯，所思不见。自陆凯后，折梅寄远所表达的就不仅仅是思念友人之情了。李清照《孤雁儿》“一枝折得，人间天上，没有堪寄”，把对亡夫的相思之情表现得淋漓尽致，令人垂泪。无名氏词“故园深处，想见孤根暖。千里未归人，向此际，只回泪眼。凭谁为我，折寄一枝来”，“更胡笛羌管，塞曲争吹。陌上行人暂听，香风动、都入愁眉。音书杳，天涯望断，折寄拟凭谁”，则表达了盼望千里行人鸿雁来宾之意。王维诗云：“君自故乡来，应知故乡事。来日绮窗前，寒梅著花未？”这首诗用白描的手法，简洁而形象地刻画了诗人的思乡情感。对于一个离乡游子来说，故乡可以怀念的东西有很多，然而诗人只写寒梅著花未，于细微处见精神，寓巧于朴，韵味浓郁。于是，窗前的寒梅成了故乡的象征。陆游《客舍对梅》：“还怜客路龙山下，未折一枝先断肠。”宋代尤袤《梅花》：“望远可无南北使，客愁定费短长吟。”这些迁客骚人以咏梅来抒发思乡而不得归的怆痛之感。

〔明〕孙克弘《梅竹》(扇面)

第三节 霜中能作花

鲍照，字明远，是南朝刘宋时期成就最高的诗人之一。但是，史书中有关鲍照的记载却简略异常，以至于明代的张溥不禁叹息道："鲍明远才秀人微，史不立传，服官年月，差可凭者，虞散骑奉敕一序耳！"鲍照少有文思，然而家世贫贱。这种出身在当时是颇受轻视的，但他不甘心，也很自信。在怀才不遇的时候，鲍照想献诗拜见刘义庆。当别人以"卿位尚卑，不可轻忤大王"的理由阻止他时，鲍照并不理会，说："千载之上有英才异士，没没而不闻者，可数哉？大丈夫岂可遂蕴知能，使兰艾不辨，终日碌碌，与燕雀相随乎？"他很自信地将诗献上，果然得到刘义庆的赏识，提拔为国侍郎。但是与身边碌碌无为而居高位的豪门士族相比，鲍照仍然觉得自己没有得到重视，而他的这种苦闷又是那些因出身而占据高位的士族体会不到的，所以鲍照只能把这种苦闷发泄在自己的诗歌中。

"小人自龌龊，安知旷士怀"(《代放歌行》)，"自古圣贤尽贫贱，何况我辈孤且直"(《拟行路难》)，鲍照的乐府诗写得慷慨悲凉，感情炽烈奔放。正如萧涤非先生在《汉魏六朝乐府文学史》中评论鲍照时所说："位卑人微，才高气盛，生丁于昏乱之时，奔走乎死生之路，其自身经历，即为一悲壮激烈可歌可泣之绝好乐府题材，故所作最多，亦最工。"

这样的人生经历并不是只有鲍照一人，左思也与鲍照类似。左思有一首著名的《咏史》诗："郁郁涧底松，离离山上苗。以彼径寸茎，荫此百尺条。世胄蹑高位，英俊沉下僚。地势使之然，由来非一朝。金张藉旧业，七叶珥汉貂。冯公岂不伟，白首不见招。”山顶的一株小草，居然可以盖住山谷中英挺的松树，左思以此来控诉当时的门阀制度中寒门虽有大才而屡不得志的现象。

如果说左思还只是比较温和的揭露的话，那么鲍照的《梅花落》就是愤怒的批判了。诗云：

> 中庭杂树多，偏为梅咨嗟。问君何独然，念其霜中能作花，露中能作实，摇荡春风媚春日。念尔零落逐寒风，徒有霜华无霜质。

〔明〕陈继儒《墨梅图》

诗中“咨嗟”是赞叹的意思。诗的内容是赞梅，但是作者先不言梅，而是说庭中的杂树众多，可我却偏偏赞叹梅花。这发端的一句，便触发了杂树的不平之感，于是按捺不住质问道：“问君何独然？”这“问”的主语便是“杂树”。诗人回答得很爽快：那是因为梅花不畏严寒，能在霜雪之中开花，冷露之中结实，也只有这样，它才能在接下来明媚的春光中摇曳。这就是赞梅的理由。接着，诗人又加上一句：想想你们吧，即使有的也能在霜中开花，却又随寒风零落,终没有耐寒的品质。诗中“念其”、“念尔”,已见褒贬之意。显然,诗中傲霜独放的梅花,就是那些位卑志高、孤直不屈的才士的写照;与之相对应的,便是那些与时俯仰、没有节操的无才贵族。

鲍照开启了梅花人格化的历程,以梅花与杂花比拟君子与小人。随着历史的发展,这种抑彼扬此的手法也不断地得到强化,其语气也变得越来越肯定和严厉。

在唐代诗人的笔下,梅花还是一位刚刚出道的明星,虽然自信,但总带有一点怯生生的目光。那些杂花还是与左思诗中的离离山上苗一样,拥有某一方面的优势。比如唐代张谓的《官舍早梅》诗说:“风光先占得,桃李莫相轻。”诗人仅仅是要让桃李莫相轻,一个“莫”字便透出了桃李的表面优势。可见,此时的桃李就像是即将衰落的霸主,而梅花是马上要即位的弱主。所以白居易在诗中为梅花打气:“莫怕长洲桃李嫉,今年好为使君开。”刘禹锡的梅花甚至因为自己的异样之处还怕被桃花取笑呢!《咏庭梅寄人》云:“早花常犯寒,繁实常苦酸。何事上春日,坐令芳意阑。夭桃定相笑,游妓肯回看。君问调金鼎,方知正味难。”

到了宋代,梅花的地位如日中天,桃李已经由反面主角下降为反面小丑,其发端者正是苏轼。当苏轼提出“梅格”时,梅花的地位就一锤定音了。苏轼曾说:“林逋梅花诗云:疏影横斜水清浅,暗香浮动月黄昏,决非桃李诗。”而苏轼的朋友王晋卿认为林逋的这两句诗也可以用于描写杏花或者桃李,苏轼回答说:“可则可,但恐杏、桃、李不敢承当耳。”不敢承当,语气就重了。东坡还有一句诗写道:“诗老不知梅格在,更看绿叶与青枝。"诗老指的是石曼卿，他的《红梅》诗中有"认桃无绿叶，辨杏有青枝"一句。在苏轼看来，石曼卿的"红梅"仅有梅之"形"，而无梅之"神"。东坡要求注重对梅的外在美刻画的同时，更要凸现"梅格"，达到形肖神完的效果。

〔清〕恽寿平《山茶蜡梅图》

苏轼又进一步降低桃李的地位，提升梅花。他的《再和杨公济梅花十绝》诗有句子云："天教桃李作舆台，故遣寒梅第一开。"舆台是指那些地位低微之仆人。古人将人分为十等："天有十日，人有十等。下所以事上，上所以共神也。故王臣公，公臣大夫，大夫臣士，士臣皂，皂臣舆，舆臣隶，隶臣僚，僚臣仆，仆臣台。"苏轼很严厉地用"天教"两个字判定了桃李是梅花的舆台，让人不容置疑。

南宋诗人尤袤进一步强化了苏轼的说法，《梅》诗云："桃李真肥婢，松筠共老苍。"桃李浓艳，梅花清淡，梅花瘦，桃李肥。宋代李子正《减兰十梅》说："不同桃李之繁枝，自有雪霜之素质。"宋代张道洽《梅花》云："质淡全身白。香寒到骨清。"《隐显翁游山集·跋墨梅手轴》云："世之草木各有所爱，独梅之爱多

〔明〕边文进《三友百禽图》

者，何也？友松竹，鄙桃李。贵节操，贱妖媚。”以松竹有节操，故梅友之，桃李妖媚，故梅贱之。清代张问陶《梅花》云：“野鹤闲云寄此生，暗香真到十分清。转怜桃李无颜色，独抱冰霜有性情。”非常有创意地说看到梅花的暗香清贞，不禁怜悯桃李无颜色了。王冕的《白梅》“冰雪林中著此身，不同桃李混芳尘”，干脆不把梅花与桃李相比了。

不屑与桃李相比，甚至以桃李为舆台，那么梅花到底应该与谁为朋呢？古人将梅花与松、竹合在一起称为“岁寒三友”；又把梅与兰、菊、竹合在一起称为“四君子”。宋代张道洽《梅花》云：“终身只友竹君子，雅志绝羞松大夫。”黄庭坚认为梅花是水仙的兄长，其《王充道送水仙花五十枝》诗云：“山矾是弟梅是兄。”陆游干脆将伯夷、叔齐与梅花相比，其《梅》诗云：“人中商略谁堪比，千载夷齐伯仲间。”

第四节　雪欲侵凌更助香

韩偓是晚唐杰出的诗人，也是一位具有卓识远见和崇高气节的政治家。《四库全书·韩内翰别集·提要》称韩偓“内预秘谋，外争国是，屡触逆臣之锋。死生患难，百折不渝。晚节亦管宁之流亚，实为唐末完人。其诗虽局于风气，浑厚不及前人，而忠愤之气，时时溢于语外。性情既挚，风骨自遒。慷慨激昂，迥异当时靡靡之响。其在晚唐，亦可谓文笔之鸣凤矣”。

光化三年（900年）十一月，神策军中尉刘季述与宦官作乱，将皇帝唐昭宗李晔囚禁于东宫少阳院。韩偓与宰相崔胤共同定策诛杀刘季述，使唐昭宗复位。此时的唐昭宗痛恨宦官骄横，想大开杀戒，韩偓劝谏不能这样做，认为在当时的环境下最重要的是应取信于人。还有一次，皇帝口头答应任令狐涣为宰相，后来又怕他不能胜任，便想让韩偓为宰相，韩偓以同样的理由推辞了。崔胤、令狐涣想让凤翔李茂贞的军队入京增强自己与宦官争权的力量，韩偓力劝不可，崔胤不听。果然，本来希望李茂贞入京协同自己抵抗宦官的势力，哪知他倒与宦官合伙了。这时候的崔胤骑虎难下，只好再请朱全忠为外援（朱全忠即弑唐昭宗篡夺大唐政权的朱温）。崔胤后来也被朱温杀了。韩偓《感事三十四韵》论述此事说：“只拟诛黄皓，何曾识霸先。”黄皓就是蜀后主刘禅的宦官，为后主所宠，操弄威柄，终至覆国。霸先，即陈武帝陈霸先。王僧辩为了平定侯景之乱让陈霸先带领部队进京，但是平定侯景

〔明〕文征明《冰姿倩影图》

之后陈霸先就杀了王僧辩自己掌权，最后称帝，国号为陈。韩偓在此感叹崔胤蹈王僧辩的覆辙。

韩偓《故都》诗言："故都遥想草萋萋，上帝深疑亦自迷。塞雁已侵池籞宿，宫鸦犹恋女墙啼。天涯烈士空垂涕，地下强魂必噬脐。掩鼻计成终不觉，冯驩无路学鸣鸡。"朱温为了便于实现自己夺权的野心，在天祐元年强迫唐昭宗迁都洛阳。同年八月，朱温弑昭帝，立哀帝。这首诗就是韩偓流离在外听到迁都的消息后写成的。"掩鼻计成"，用的是《韩非子》里的故事，说是楚王夫人郑袖故意对一位新得宠的美人说，大王不喜欢你的鼻子，见面时你要掩住鼻子，随后又告诉楚王说，美人掩鼻是怕闻你身上的臭气。楚王一怒之下，把美人的鼻子割了，从此郑袖得以专宠。这里借指朱温伪装效忠唐室，却有夺取天下的野心。末句慨叹自己不能像冯驩那样设计解救君主。"学鸣鸡"指孟尝君从秦国潜逃回齐国的时候，夜间不得过函谷关，门客冯驩学鸡叫骗开关门而脱险的故事。"噬脐"是指后悔莫及,出自《左传·庄公六年》。楚文王在讨伐申国的途中路过邓国。邓侯(名祁)盛宴款待楚文王。当时邓国的一位大臣看到了楚文工是个潜在的威胁，于是请邓侯杀了楚文王。但是邓侯不相信，说他是我外甥,不会害我的。那位大臣说:"亡邓国者,必此人也。若不早图,后君噬脐。"平定申国后，楚文王就灭了邓国。"地下强魂必噬脐"是说崔胤如果地下有知，必定会为自己的失策而痛悔不及。"天涯烈士"是诗人自称。韩偓清楚朱温的图谋，朱温也视韩偓为眼中钉，遂随便找了个理由将韩偓赶出了朝廷，外放到濮州。离开时,昭帝拉着韩偓的手流泪说:"我左右无人矣。"韩偓说:"是人非复前来之比,臣得远贬及死乃幸耳,不忍见篡弑之辱。"意思是朱温这个人比以前的那些人野心更大,对您更不利。

〔清〕高凤翰《梅石图》

在颠沛流离之中,韩偓写了一些梅花诗,很值得玩味:

早玩雪梅有怀亲属

北陆候才变，南枝花已开。
无人同怅望，把酒独裴回。
冻白雪为伴，寒香风是媒。
何因逢越使，肠断谪仙才。

梅　花

梅花不肯傍春光，自向深冬著艳阳。
龙笛远吹胡地月，燕钗初试汉宫妆。
风虽强暴翻添思，雪欲侵凌更助香。
应笑暂时桃李树，盗天和气做年芳。

湖南梅花一冬再发偶题于花援

湘浦梅花两度开，直应天意别栽培。
玉为通体依稀见，香号返魂容易回。
寒气与君霜里退，阳和为尔腊前来。
夭桃莫倚东风势，调鼎何曾用不材。

联系韩偓的经历，“应笑暂时桃李树，盗天和气做年芳”以及“夭桃莫倚东风势，调鼎何曾用不材”就是指朱温及其走狗，诗人讽刺他们“暂时”、“盗”、“倚势”、“不材”。“梅花不肯傍春光，自向深冬着艳阳”则显然表明自己的立场，以大唐皇帝为“艳阳”，以梅花自喻不依附恶势力。“龙笛远吹胡地月，燕钗初试汉宫妆”，用王昭君的典故，说明自己虽身处江湖之远，但仍然挂念朝廷。“何因逢越使”用的是陆凯折梅寄远的故事，但韩偓所牵挂的不是普通的友人或亲人，而是危在旦夕的皇帝，可是“冯驩无路学鸣鸡”，他又能说些什么呢，所以只有“肠断谪仙才”。

《湖南梅花一冬再发偶题于花楼》诗中的“阳和为尔腊前来”应指皇帝重振朝纲。这种意象韩偓以前用过：天复二年，李茂贞一伙将唐昭宗劫持至凤翔时，韩偓对惊慌失措的唐昭宗说：“陛下别怕，朱温的军队马上来解围了。”冬至夜，韩偓作诗云：“中宵忽见动葭灰，料得南枝有早梅。四野便应枯草绿，九重先觉冻云开。阴冰莫向河源塞，阳气今从地底回。不道惨舒无定分，却忧蚊响又成雷。”韩偓在这里也是以“阳气回”喻时局逆转，皇帝即将重振朝纲。可见这首梅花诗也是微言大义的。诗人把“梅花两度开”的自然现象视为上天预备让大唐皇帝重振朝纲的征兆，因此说“直应天意别栽培”。苏东坡曾化用本诗中的“香号返魂容易回”，他的《岐亭道上见梅花开戏曾季常》云：“蕙死兰枯菊亦摧，返魂香入岭头梅。”

真正活用梅花“返魂”的是南宋末的爱国诗人谢翱，其《梅花》诗云：“吹老单于月一痕，江南知是几黄昏。水仙冷落琼花死，只有南枝尚返魂。”什么是南枝？南枝就是以梅花的南

〔宋〕马远《雪屐观梅图》

国属性表示对故国的思念与忠心。宋亡以后，郑思肖为自己取号“所南”，表示以“南”为“所”；“思肖”，思念趙（赵）宋也；字“忆翁”，不忘故国也；名其所住地为“本穴世界”，本穴即大宋也。他日常坐卧则是向南背北。郑思肖作墨兰，不画根、土，意寓大宋土地已被掠夺。“返魂”就是典用韩偓的“玉为通体依稀见，香号返魂容易回”，表示故国能重整朝纲的信心。宋朝的末代皇帝投降后在北方沙

〔宋〕郑思肖《无根墨兰》

漠地区写道：“寄语林和靖，梅花几度开。黄金台下客，应是不归来。”元代陶宗仪《辍耕录》云：“始终二十字，含蓄无限凄戚意思，读之而不兴感者几希。”谢翱的诗文，在清初和清末的反清斗争中曾产生过积极影响。清代徐钪至岳飞坟上赋诗云：“登临休问前朝事，只有南枝恨未消。”

韩偓“冻白雪为伴，寒香风是媒”、“风虽强暴翻添思，雪欲侵凌更助香”明志，以风、雪来衬托梅花也就是诗人自己的高尚品格。这两句诗虽都是用风、雪来映衬梅花，但是风雪的作用与形象却有巨大的差异。“冻白雪为伴，寒香风是媒”、“玉为通体依稀见”，是说风是传

递梅花暗香的媒介，梅花有着雪和玉一样的纯洁和美丽。宋代陈允平《赋林景参梅屿》云："水月一天芗世界，冰霜千古玉精神。"宋代杨万里《雪后寻梅》言："玉为风骨雪为衣。"宋朝朱南杰《孤山观梅》言："精神全在雪霜中。"他们明确地将梅花有着玉一般的风骨、雪一样的精神表达了出来。宋代张孝祥《卜算子》云"雪月最相宜，梅雪都清绝"，更细致地说出梅与雪共有的"清"的内涵。而辛弃疾《临江仙》的"更无花态度，全是雪精神"，更是把梅花从百花中分离出来，将它与雪归于同类。辛弃疾的《满江红·送李正之提刑》：

蜀道登天，一杯送、绣衣行客。还自叹，中年多病，不堪离别。东北看惊诸葛表，西南更草相如檄。把功名、收拾付君侯，如椽笔。儿女泪，君休滴。荆楚路，吾能说。要新诗准备，庐山山色。赤壁矶头千古浪，铜鞮陌上三更月。正梅花、万里雪深时，须相忆。

〔明〕戴进《踏雪寻梅图》

这是一首赠别的词，虽然也是写朋友间的惜别之情，但中心内容则是表达作者对李正之的鼓励和期望。作者有意用"诸葛表"、

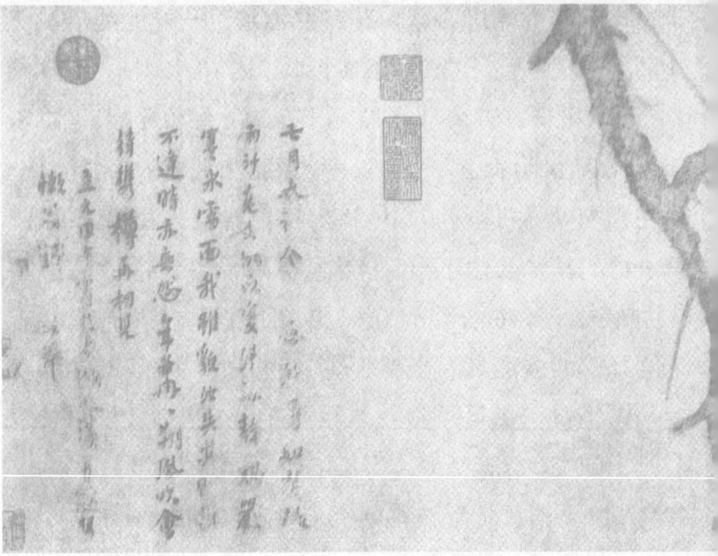

〔元〕钱选《梅花图》

“相如檄”这些与治理西蜀有关的历史典故勉励朋友。“正梅花、万里雪深时，须相忆”，从字面上看是用陆凯寄梅事，但是稼轩词的豪迈气概不由让人肃然领略梅花的雪样精神。“是雪才知玉骨真”(清段绮《黑龙潭观古梅》)，赏梅要踏雪，有了雪，梅花的精神才更加抖擞，如宋代杨万里《雪后寻梅》所说“诗人莫作雪前看，雪后精神添一半”。若是没有雪，不免令人遗憾，如宋代朱淑真《山脚有梅》所说“寄语梅花且宁奈，枝头无雪不堪看”。宋代卢梅坡的《雪梅》对此作了很好的评判：“有梅无雪不精神，有雪无梅俗了人。日暮诗成天又雪，与梅并作十分香。”诗写得琅琅上口，美则美矣，然而终究没有韩偓等人的掷地有声，这大概就是古人所说的胸次之不同吧！

韩偓的“风虽强暴翻添思，雪欲侵凌更助香”则将风、雪视为梅花的对立面，将风、雪比拟为严酷的社会现实环境，将“斗雪开”的梅花比拟为自己坚贞不屈的人格

〔元〕钱选《梅花图》

品质。韩偓将严酷的社会现实环境视为太上老君八卦炉的猛火，是它炼成了孙悟空的火眼金睛。历代描绘梅雪对立关系的诗很多。唐代张九龄的《庭梅咏》言："更怜花蒂弱，不受岁寒移。"陆游的"雪虐风号愈凛然，花中气节最高坚"、"凌厉冰霜节愈坚，人间乃有此癯仙"等诗句与韩偓的异曲同工。宋代陈亮的"欲传春信息，不怕雪埋藏"也是写梅雪对立的名句，其《梅花》云：

疏枝横玉瘦，小萼点珠光。

一朵忽先发，百花皆后春。

欲传春信息，不怕雪埋藏。

玉笛休三弄，东君正主张。

陈亮是南宋思想家、文学家，力主抗金，曾多次上书孝宗，反对"偏安定命"，痛斥秦桧奸邪，倡言恢复，完成祖国统一大业。其爱国愤世之情慷慨激烈，气势磅礴，使人肃然起敬。刘熙载《艺概》说："同甫(即陈亮)与稼轩

(即辛弃疾)为友,其人才相若,词亦相似。”

韩偓、陆游、辛弃疾、陈亮,他们的所作所为有他们自己的个性、自己的准则,但他们都是忧国忧民的仁人志士,他们都很看重梅花的坚贞气节。正如王国维所说的:“古之君子,其为道者也盖不同,而其所以同者,则在超世之致与不可屈之节而已。”

第五节　只有香如故

陆游,字务观,号放翁,越州山阴(今浙江绍兴)人。陆游家学源远流长,祖父陆佃做过王安石的学生,是当时知名的经学家,父亲陆宰也是学者和藏书家。1126 年,金兵大举南侵,北宋都城汴京沦陷,二帝被俘,这就是两宋历史上最耻辱的一页:靖康之难。陆宰被迫率全家逃难,尚在襁褓中的陆游此后便有了九年的流离生活。“儿时万死避胡兵”的痛苦经历,长辈们的南渡回忆,都在陆游幼小的心灵里埋下了爱国主义的种子。少年时,陆游便立下了“上马击狂胡,下马草军书”的雄心壮志。陆游的许多诗篇抒写了抗金杀敌的豪情和对敌人、卖国贼的仇恨。他的诗雄奇奔放,沉郁悲壮,洋溢着强烈的爱国主义激情,在思想上、艺术上取得了卓越的成就。陆游不但是南宋的诗坛领袖,而且在中国文学史上享有崇高的地位,是我国伟大的爱国诗人。嘉定二年十二月,86 岁的老诗人临终前吟出绝笔诗《示儿》,怀着不能亲眼看到国家统一的深深遗憾,满腔忧恨地离开了人世。梁启超赞颂陆游说:“诗界千年靡靡风,兵魂销尽国魂空。集中十九从军乐，亘古男儿一放翁。”

陆游曾任蜀州通判。现在的四川成都建有陆游祠，整个陆游祠是仿清建筑，含大门、长廊、过厅、序馆、两庑、正殿等。祠堂主体陈设突出“梅”的主题。正殿为“放翁堂”，塑陆游坐像。过厅以“梅馨千代”命名。序馆为“香如故堂”，陈列陆游的生平简介、陆游遗像

陆游祠之放翁堂

玉石碑、陆游手迹碑。堂后辟梅园，广植陆游喜爱的梅花。在城外的崇州境西北之隅的凤栖山，有个与陆游祠遥相呼应的梅花寨，被称为放翁遗香圣地。当时陆游登临古寺时曾从这里上山，而山道断桥边的梅花为他后来的《卜算子·咏梅》带来了创作灵感。

陆游一生爱梅，咏梅，以梅自喻。《梅花绝句》说：“闻道梅花坼晓风，雪堆遍满四山中。何方可化身千亿？一树梅花一放翁。”作者愿化身千亿个陆游，而每个陆游前都有一树梅花，把痴迷的爱梅之情淋漓尽致地表达了

出来；而陆游也俨然成了梅的知音和化身，进入了“梅花是我，我是梅花”的境界。

在另一首《梅花绝句》中，陆游将梅花和牡丹进行了比较：“月中疏影雪中香，只为无言更断肠。曾与诗翁定花品，一丘一壑过姚黄。”诗中，诗人自己加了一个注释：“曾文清公尝问予梅与牡丹孰胜，予以此答。”曾文清公就是前辈诗人曾几。曾几问陆游，梅花和牡丹哪个更有品味。陆游回答说，梅花是“一丘一壑过姚黄”。在牡丹中，姚黄和魏紫是最好、最奇的两种名花。如果说牡丹是花中之王，那么，姚黄和魏紫便可称“牡丹之冠”。周师厚《洛阳牡丹记》载：“姚黄，千叶黄花也，色极鲜洁，精彩射人，有深紫檀心……”宋人朱弁《曲洧旧闻》说：“姚黄尤惊人眼目。花头面广一尺，其芬香比旧特异，禁中号一尺黄。”而陆游却认为最平凡的梅花也胜过牡丹中的姚黄，其中似乎另有深意。

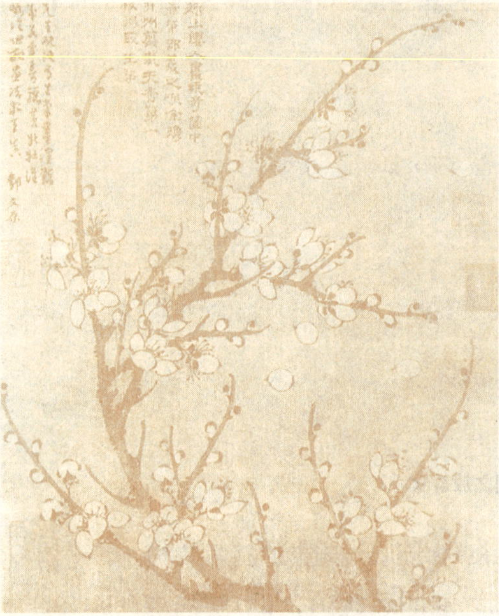
〔元〕佚名《墨梅图》

牡丹端丽妩媚，雍容华贵，兼有色、香、韵三者之美，令人倾倒。唐代时期，牡丹更是艳压群芳，被誉为“花王”。据杜荀鹤《松窗杂记》记载，唐玄宗曾问程修己，现在京城中盛传的牡丹诗，谁的诗最好？修己回答说：诸大臣多吟赏中书舍人李正封的诗句，曰：国色朝酣酒，天香夜染衣。玄宗听了，嗟赏不已。从此，牡丹便有了“国色天香”的美誉。赏玩牡丹在唐代成了一种时尚。在赏牡丹的季节，车马若狂，长安人倾城而出，如醉似狂。刘禹锡《赏牡丹》：“唯有牡丹真国色，花开时节动京城。”徐凝《寄白司马》：“三条九陌花时节，万户千车看牡丹。”舒元舆在《牡丹赋》的序言中提到：“由此京国牡丹日月浸盛，今则自禁闼洎官署，外延士庶之家，弥漫如四渎之流，不知其止息之地。每暮春之月，遨游之士如狂焉，亦上国繁华之一事也。”赏玩牡丹成为“上国繁华之一事”，这是人们生活富裕的标志之一。周敦颐的《爱莲说》云：“自李唐来，世人盛爱牡丹……牡丹，花之富贵者也。”因酷嗜牡丹，众人不惜重金购买牡丹。李肇《唐国史补》“京师尚牡丹”条云：“京城贵游，尚牡丹三十余年矣，每春暮车马若狂，以不耽玩为耻。执金吾铺官围外寺观种以求利，一本有值数万者。”王睿的《牡丹》诗亦云：“牡丹妖艳乱人心，一国如狂不惜金。”

〔明〕徐渭《牡丹蕉石图》

〔清〕王礼《牡丹双鹊图》

宫廷的帝王嫔妃们则是这种时尚的推波助澜者。唐玄宗与杨贵妃游赏沉香亭前牡丹，召李白赋诗，李龟年高歌助兴。《太平广记》言："开元中，禁中初重木芍药，即今牡丹也，得四本，红、紫、浅红、通白者。上因移植于兴庆池东沉香亭前。会花方繁开，上乘照夜白，太真妃以步辇从。诏特选梨园弟子……李龟年以歌擅一时之名，手捧檀板，押众乐前，将歌之。上曰：'赏名花，对妃子，焉用旧乐辞为？'遽命龟年持金花笺，宣赐李白，立进《清平调》辞三章。白欣承诏旨，犹苦宿酲未解，因援笔赋之：

云想衣裳花想容，春风拂槛露华浓。
若非群玉山头见，会向瑶台月下逢。

一枝红艳露凝香，云雨巫山枉断肠。
借问汉宫谁得似，可怜飞燕倚新妆。

名花倾国两相欢，长得君王带笑看。
解释春风无限恨，沉香亭北倚阑干。

龟年遽以词进，上命梨园弟子，约略调抚丝竹，遂促龟年以歌。”

到了宋代，牡丹栽培的中心由长安转移到了洛阳，牡丹的品种更多，栽培技术更加系统、完善，并出现了一批理论专著。如欧阳修的《洛阳牡丹记》，周师厚的《鄞江周氏洛阳牡丹记》、《洛阳花木记》，张峋的《洛阳花谱》等等。北宋末年，战乱不断，洛阳牡丹开始衰退，陈州牡丹取而代之。南宋时，牡丹栽培中心南移，由北方洛阳移向南方的天彭（今四川彭州）、成都、杭州等地。天彭栽培的牡丹，为蜀中第一，号称“小西京”。陆游在蜀中做官时，曾亲往游赏，并撰《天彭牡丹谱》。

而梅花则是后起之秀。秦汉以前，人们言及梅只是因为它果实的实用价值，并没有注意到花。魏晋以来，有关梅花的诗赋逐渐增多。到了宋代，梅花的审美特征越来越受到关注与推崇，最终被推为“群芳之首”，几乎人人吟咏。《四库全书·梅苑提要》说：“昔屈宋遍陈香草，独不及梅，六代及唐，篇什亦寥寥可

〔清〕余穉《鸠雀争春图》

〔清〕李鱓《富贵有余图》

数，自宋人绝重此花，人人吟咏。”宋人罗大经的《鹤林玉露》言：“《书》曰：若作和羹，尔惟盐梅。《诗》曰：摽有梅，其实七兮。又曰：终南何有，有条有梅。毛氏曰：梅，枏也。陆玑曰：似杏而实酸。盖但取其实与材而已，未尝及其花也。至六朝时乃略有咏之者，及唐而吟咏滋多，至宋朝，则诗与歌词，连篇累牍，推为群芳之首。”

从“世人盛爱牡丹”到陆游撰写《天彭牡丹谱》，应该可以看出陆游对牡丹的喜爱程度。但是陆游却认为最平凡的梅花也胜过牡丹中的姚黄。除去诗歌语言的夸张成分，可以明确地说，陆游喜欢梅花胜过牡丹。那么，其间原因何在？

首先是由于社会原因。“梅花畏高寒，独向江南发”，梅花是典型的南国之树。梅树虽然花期早，迎霜冲雪，但它却不耐寒，很难在零下 15 度存活。北方并不适宜梅的生长。洪迈《容斋随笔·先公诗词》言：“北方不识梅花，士人罕有知梅事者。”郑獬《和汪正夫梅》：“应为长安恶风土，故教北地不栽梅。”野生梅树多见于淮河、秦岭以南，尤以长江和珠江流域为盛。在南方，山壑水滨，村间道旁，梅花随处可见。罗邺《梅花》："繁如瑞雪压枝开，越岭吴溪免用栽。"赵蕃《次韵斯远折梅之作》："春归寂寞谁与传，梅开年后并腊前。江南此物处处有，不论水际仍山颠。"

而牡丹与梅花有着不同的生理习性与地理条件，它是典型的北国之花。牡丹原产地在我国西北，为落叶业灌木。喜凉恶热，宜燥惧湿，可耐零下30度的低温，在年平均相对湿度45%左右的地区可正常生长。喜光，亦稍耐阴。喜疏松肥沃、排水良好的中性壤土或砂壤土，忌粘重土壤或低洼涝积之地。这些都表明牡丹适宜于北方地区生长。从文献记载看，野生牡丹只分布于北方。欧阳修的《洛阳牡丹记》载："牡丹出丹州、延州，东出青州，南亦出越州。"宋代《茅亭客话》一书记载牡丹花："至伪蜀王氏，自京、洛及梁、洋间移植。"京即唐朝京城长安，洛即洛阳，梁指梁洲(今陕西汉中)，洋指洋州(今陕南洋县)。此外，还有许多牡丹品种系由藩方进贡。花蕊夫人《宫词》第58首描述到："牡丹移向苑中载，尽是藩方进入来。未到末春缘地暖，数般颜色一时开。"牡丹生长的核心地带是长安与洛阳，而南方湿润闷热的气候对牡

〔宋〕李迪《牡丹图》

丹而言几乎是致命的。这一点在唐诗里就有所表现，孙鲂《主人司空后亭牡丹》写道“怕风惟怯夜，忧雨不经旬”；白居易《惜牡丹花二首》其二说“寂寞萎红低向雨，离披破艳散随风”。因此，牡丹在长安开放了一个半世纪左右的这一时期内，南方尚少牡丹。李咸用《同友生题僧院牡丹花》诗便说“牡丹为性疏南国”，徐凝《题开元寺牡丹》诗说“此花南地知难种”，白居易《看恽家牡丹戏赠李十二》：“人人散后君需看，归到江南无此花。”

宋之前，全国的经济、文化中心在北方长安，所以当时士人热衷于赏玩牡丹，不知世间居然有梅花。进入赵宋时期，经济、文化中心逐渐南移，南方地区的文化日益活跃，梅花也日益见重。南宋偏安时期，宋室南迁，版图止于淮、岭，人口集中于富庶的江南之地。江南是梅花的故乡，牡丹却很稀有，因此梅花取代牡丹而被推为“群芳之首”。据现存文献统计也可知，宋代咏梅诗词无论是绝对数量还是相对数量都大幅度增加。宋词咏

〔宋〕佚名《红梅孔雀图》(局部)

花之作共 2208 首,所咏之花 57 种,其中数量居于前 10 位的是:梅花 1041 首,牡丹 128 首。另外,《全宋词》包含“梅”字的单句有 2946 句,而包含“牡丹”的只有 140 句。这些都反映了梅花题材在宋代文学中的地位。文人士大夫也以嗜梅自标,以梅为号者遍布士林,但是这些人都是南方人。刘辰翁《梅轩记》说:“梅尤盛于南,而号之者皆南人也。是其盛也,地也,号之者亦地也。若出于关陇也而亦号之则异矣。”

与此同时,赏梅之风日起。无论智、愚、贤或者不肖,皆视“梅为天下尤物”。杨万里《走笔和张功父玉照堂十绝句》言:“呆女痴儿总爱梅,道人衲子亦争栽。”范成大《梅谱》说:“学圃之士,必先种梅,且不厌多,他花有无多少皆不系轻重。”因此,陆游认为梅花“一丘一壑过姚黄”,正是时代风尚的反映。

其次,虽然陆游非常喜欢牡丹,曾有《无题》诗言:“軿辘毡车赴密期,追欢最数牡丹时。新春欲近犹贪喜,旧爱潜移不自知。”有《梦至洛中观牡丹繁丽溢目觉而有赋》、《忆天彭牡丹之盛有感》、《梦观牡丹》、《栽牡丹》、《赏小园牡丹有感》等诗,然则,正如陆游《园中偶题》所说的,“忆向彭州取牡丹,蜡封驰骑露初干。如今历尽人间事,纵有姚黄亦懒看”,对陆游而言,牡丹除了花色艳丽,给人以感官冲击之外,它不能给人以精神的寄托。因此当他寻求精神寄托时,即使姚黄亦不屑一顾。

但是在陆游的诗中,牡丹还有一丝用处,那就是不时地提醒诗人或是诗人提醒周围的人中原尚未收复。如《梦至洛中观牡丹繁丽溢目觉而有赋》言:“老去已忘天下事,梦中犹看洛阳花。”表面上是说自己已忘天下

〔清〕高凤翰《牡丹湖石图》

事，但其实并没忘，因为在梦中还想到故都洛阳呢！作者还把梦写出来，不是提醒有志之士莫忘天下事吗！在《天彭牡丹谱》的最后，陆游写到："嗟乎！天彭之花要不可望洛中，而其盛已如此。吏异时复两京，王公将相筑园第以相夸尚，予幸得与观焉，其动荡心目又宜何如也！"他以"筑园第以相夸尚"来诱使"王公将相"能够同仇敌忾，能够北定中原，收拾旧山河。"王师北定中原日，家祭无忘告乃翁"，收复失地，北定中原，是陆游一生的愿望。为了达到目的，陆游使用了一切手段，甚至骂人。《赏小园牡丹有感》诗云："洛阳牡丹面径尺，鄜畤牡丹高丈余。世间尤物有如此，恨我总角东吴居。俗人用意苦局促，目所未见所谓无。周汉故都亦岂远，安得尺箠驱群胡。"诗人自注云："山阴距长安三千七百四十里，距洛阳二千八百九十里。"这句注语加上诗中的"周汉故都亦岂远，安得尺箠驱群胡"，就是提醒志士们要想起"举目见日，不见长安"的故事。《世说新语·夙慧》篇记载：晋明帝只有几岁的时候，有一次坐在父亲元帝的脚上玩。有人从长安来，元帝问到故都洛阳的消息时，不禁潸然流涕。明帝问父亲为何流泪，元帝便把东迁的原委详细地告诉了他，接着问明帝："汝意长安何如日远？"答曰："日远。不闻人从日边来，居然可知。"元帝异之。第二天，集群臣宴会，元帝又重新问明帝。明帝却回答说："日近。"元帝大惊失色，问其原因。明帝说了一句别人都不能说的话："举目见日，不见长安。"群臣大哭。为什么恸哭？一者怀念过去，更主要的是这话由一个小孩子说出，极大地刺激了大人的自尊心。小孩子的这句话收到了激励人心、同仇敌忾的效果。显然，陆游诗中的"世间尤物有如此，恨我总角东吴居"，不也是"举目见日，不见牡丹"的意思吗！貌似赞美牡丹之语，实乃"但悲不见九州同"之叹。而且陆游诗中的"俗人用意苦局促，目所未见所谓无"也在不指名地痛骂那些不思北伐的投降派。理解了这些，我们就可以更好地理解陈与义的《牡丹》诗："一自胡尘入汉关，十年伊洛路漫漫。青墩溪畔龙钟客，独立东风看牡丹。"鄜畤也是一个具有政治意义的地名。《史记正义》引《括地志》说："秦文公（前 764~前 716）梦黄蛇自天而下属地，其口至于鄜，衍作鄜畤，郊祭白帝，曰鄜畤。""位卑未敢忘忧国"，在陆游的生活中，不仅是牡丹，任何事物都能牵动他的爱国之心，他的《书愤二首》"细雨春芜上林

〔宋〕马远《雪滩双鹭图》

〔明〕徐渭《三友图》

苑，颓垣夜月洛阳宫”、《感愤》诗“京洛雪消春又动，永昌陵上草芊芊”，也均是以故都长安的风物描写来讽刺那些“目所未见所谓无”的“俗人”即投降派的。

另外，从精神层次上看，牡丹远远不能与梅花相比。陆游《园中赏梅》云：“阅尽千葩万卉春，此花风味独清真。”梅与松、竹同称“岁寒三友”，与兰、竹、菊合称“四君子”。“梅花精神”被公认为是中华民族坚贞不屈、不畏强暴的奋斗精神的象征，是中国传统文化中最高的人格象征。

“高山仰止，景行行止。”对于自己畏缩不前而别人却能做到的，人们总是景仰不已。“岁寒，然后知松柏之后凋也”，松柏之凌寒耐冻得到孔子的赞叹。《荀子》也说：“松柏经隆冬而不凋，蒙霜雪而不变，可谓得其贞矣！”屈原的《橘颂》赞美橘树的“独立不迁”。水仙不用泥土，以水培育。黄庭坚称赞它“水沉为骨玉为肌”，其诗“凌波仙子生尘袜，水上轻盈步微月”一出，时人叹为得宜，水仙花因此别号“凌波仙子”。朱熹进一步认为“凌波仙子”的比喻固然贴切，但更要看到它“贞刚”的一面。稍后的刘克庄《水仙花》诗云“骚魂洒落沉湘客，玉色依稀捉月仙”，主张以屈原、李白比拟水仙。这是一个不断发现、不断深化的过程。黄庭坚偏重于事物的整体感觉和风韵，而朱熹等则是赋予了事物以人的精神意志，强化了它的道德意识。

〔清〕王武《水仙柏石图》

同样的，对于梅花也是如此。梅花是一种对气温反应十分敏感的植物，它在冰点或稍低的情况下开花，天气久寒乍暖之后尤易提前开放。因此，梅花的开放时节正是风雪交加的冬春之际。“白杨多悲风，萧萧愁杀人”，在天寒地冻的环境里，万籁俱寂，万物凋零，“千山鸟飞绝，万径人踪灭”在人们看来是正常的。人们总是认为对植物来说冰雪是最恶劣的环境，因此，对于梅花的“映雪拟寒开”，怎能不敬佩呢！陆游的《雪中卧病在告戏作》也正好表达了同样的意思：

面裂愁出门，指直但藏袖。
谁云三峡热，有此凛冽候。
殷勤愧雪片，飞舞为我寿。
方惊四山积，已见万瓦覆。
岂惟寒到骨，遂觉疾在膝。
地炉炽薪炭，噤坐连昏昼。
梅花真强项，不肯落春后。
俗人爱桃李，苦道太疏瘦。

清芬终见赏，此事非速售。

已矣吾何言，高枕听檐溜。

所谓寒梅本无意，诗人自多情。对于梅花冰中孕蕾，雪里开花，人们自然会赋予清贞高洁等的道德观念。陆游赞美梅花的气节高坚，其《梅花》曰：

雪虐风号愈凛然，花中气节最高坚。

过时自会飘零去，耻向东君更乞怜。

另一首《梅花》曰：

幽香淡淡影疏疏，雪虐风饕只自如。

正是花中巢许辈，人间富贵不关渠。

《射的山观梅》：

凌厉冰霜节愈坚，人间乃有此癯仙。

坐收国士无双价，独立东皇太一前。

《芳华楼赏梅》描述别的花："一春花信二十四，纵有此香无此格。"陆游的梅花具备了孟子所谓的"富贵不能淫，贫贱不能移，威武不能屈"的大丈夫品格。清人薛雪《一瓢诗话》说："咏史以不著议论为工，咏物以托物寄兴为上。"陆游从梅花与外部环境的对抗中，看到了生命、事业的艰辛，进而升华到人们应该具备刚毅的意志、高尚的精神以及坚贞的节操。

陆游的《卜算子·咏梅》是集中体现梅花坚贞情操的千古绝唱：

驿外断桥边，寂寞开无主。已是黄昏独自愁，更著风和雨。　无意苦争春，一任群芳妒。零落成泥碾作尘，只有香如故。

"零落成泥碾作尘，只有香如故"，零落是一层，成泥是一层，碾作尘是一层，层层递进。总之，无论千辛还是万苦甚至失去生命，梅依然香如故；没有怨言，没有自得，无喜无愠，无毁无誉，只有自己坚贞的信念。《诗经》言："彼黍离离，彼稷之苗。行迈靡靡，中心摇摇。知我者，谓我心忧；不知我者，谓我何求。悠悠苍天，此何人哉?"孔子云："人不知而不愠，不亦君子乎？"意思是：别人理解或不理解我都无关紧要，都不必欢喜或恼怒，关键在于自己有没有坚定的信念，有坚定信念的人是不在乎这些的。陆游的"只有香如故"显然与之一脉相承，而且陆游更以"零落成泥碾作尘"表达了君子始终坚守自己信念的坚贞品格。后来文天祥的"若为司花示薄罚，到底不能磨灭香"、王冕的"不要人夸好颜色，只留清气满乾坤"、于谦的"粉骨碎身浑不怕，要留清白在人间"也正是陆游精神的继续。"寂寞开无主"，"更著风和雨"，说明君子不为人知。"无意苦争春，一任群芳妒"，一般认为陆游以"争春"两字喻趋炎附势、谄媚取宠的丑行，以"妒"喻嫉贤害能的小人行径；也可以认为即使不为人知也要坚

〔明〕陈洪绶《梅石水仙图》

持自己的信念。"位卑未敢忘忧国"的陆游,让梅花品质增加了坚贞不屈、至死不渝的爱国主义精神。到宋末抗元之时,梅花坚贞不移的品性得到了再一次的提升。南宋谢枋得说:"天地寂寥山雨歇,几生修得到梅花。"梅花在这里成为忠诚故国、坚贞不屈的象征的同时,也流露出诗人对梅花的深挚羡慕,表明自己甘愿以梅为榜样的忠贞意识。

第六节 梅花岭记

数点梅花亡国泪,二分明月故臣心。

这是扬州史公祠飨堂前的一副对联。史公祠是纪念明末抗清英雄史可法的祠堂,内建史可法衣冠冢。史可法为明崇祯年间进士。李自成攻占北京,崇祯皇帝缢死于煤山。在南京,马士英等人拥立福王,改年号为弘光,史称南明弘光朝廷。清兵南下,形势非常危急。史可

史公祠飨堂

法自请为督师，出镇扬州。弘光元年(1645)四月，多铎围扬州，史可法死守。二十五日，扬州为多铎攻破。史可法想自杀，被部下所阻，被俘，不屈而怒骂，于扬州新城南门城楼上慨然就义，时年 44 岁。王士祯的《池北偶谈》记载：康熙二十年，吴兆骞(字汉槎)将要从宁古塔回北京。当时有一位姓安的驻防老将军对他说："子归，可语史馆诸君。昔王师下江南，破扬州时，吾在行间，亲见人自呼：我史阁部也。亲王引与坐，劝之降，以洪承畴比。史但摇首：我此时只办一死，但城中百万生灵幸毋戮及。王百以劝谕，终不从，乃就死。此吾所目击者，史书不可屈却此人。"

与 370 年前南宋李庭芝、姜才等人死守扬州一样，扬州是江南顽强抵抗清军的第一座城池，也是清军入关以来首次遇到的军民一体的坚强抵抗。清军将帅谁也没有想到，他们心目中的这个软侬吴语、才子佳人的销魂之地，却成为阻挡自己铁骑的第一座城池。清军突然感到了威胁和压迫，这种威胁和压迫并非来自一城一地的攻伐之战，而是来自一个民族的巨大的凝聚力。而"扬州十日"，就是清军为了摧毁这种民族凝聚力而实施的屠戮。

"初，史公遗言：'我死，当葬梅花岭上。'"扬州屠城后，尸体堆积，暑天炎热，蒸变难识。次年，葬史可法衣冠于扬州梅花岭下。各地纷纷传言史公未死，相继以史公之名起兵抗清。苏州孙兆奎失败被俘，押送到南京，洪承畴问他：先生在军队里，可详细知道史公是真的死了呢，还是没死呢？孙兆奎回答道：你从北方来，可知原来在松山殉难的统帅洪承畴是真的死了呢，还是没死呢？听了这句话以后，真不知道洪承畴那天晚上可曾睡

史可法衣冠冢

得着！后来有人作了一副对联：史册流芳，虽未灭奴犹可法；洪恩浩荡，未能报国反成仇。成仇，承畴之谐音也。人固有一死，或重于泰山，或轻于鸿毛，观史公与洪承畴可知也！

全祖望在《梅花岭记》赞道："……忠义者，圣贤家法，其气浩然，长留天地之间……"明清之际，慷慨赴命、存浩然之气的英雄很多，并非只有史可法一人。

张铨被俘后，努尔哈赤劝降不成，知其志不可夺，就下令将他送回署中。张铨就在明辽东巡按署的大堂之上，向明廷所在的西南方向行八拜之礼，说："臣不能报国矣！"随后自缢而死。亲眼目睹此情景的后金部将惊讶万分，面面相觑，连声赞道："忠臣！忠臣！"努尔哈赤获悉后，命令明朝叛将李永芳为张铨备棺敛尸，将其安葬在辽阳，并建祠致祭。

张春被俘，拒不投降，被羁押在沈阳的三官庙十余年。在被羁押期间，张春始终着汉服，"不为剃头"，坚持

〔明〕陈洪绶《梅石图》

明朝衣冠，坚守明臣气节，并积极沟通明清之间的议和。他认为议和有利于国家，所以坚强地活了下来，用这种特殊的方式为国效忠。后来张春知道议和不成，于是绝食而死。皇太极惊叹道："吾从史传中见文天祥，以为神人，今乃真得见文天祥耳。"他问范文程：中原的名将作战勇敢，但是当他一旦得知自己身处困境时就立即倒戈投降，而文臣不过一介书生，怎么还这样不易屈服！这是为什么呢？范文程回答道："文臣读圣贤书，忠孝名节平生所学，所以危不爱身，不欲负国家养士之报也。"皇太极"跃起"曰："为人臣子不可不读书，于张春乃信。"皇太极深深地认识到：只有以忠孝的名节来塑造臣民，方能临危不惧，以身报国。"由是，悉令诸王贝勒旗下子弟皆遣就学"。张春从容殉国后，皇太极特依张春生前"移我居辽阳，得近中国，则死无恨矣"的愿望，礼葬张春于辽阳城南莲花寺，"为建石塔表其墓，使后世知有张春云"。在辽沈地区，至今还传颂着张春凛然不屈的抗节事迹。

崇祯九年，清兵进攻定兴县城。县令请鹿善继一起帮助守城。善继不顾"无守城之责，不必自蹈死地"之劝阻，毅然前往。他自担守城重任，率众共守。七日后，城

〔明〕夏允彝、夏完淳父子像

破，不屈遇害。

夏完淳，15 岁从军，与父及师陈子龙一道投身抗清斗争，被捕。洪承畴欲其投降，夏完淳则无乞生之意，说："完淳年虽幼，颇读书知礼义廉耻，公自省何人？乃妄谓完淳反！且自君父罹难，诚不欲活身天地间，愿早赐一刃以遂我。"乃慷慨就义，年仅 17 岁。其绝笔诗曰："人生孰无死，贵得死所耳。"

刘宗周，万历年间进士，累官至左都御史。清兵南下，潞王朱常淓献杭州投降。他痛感国事已不可为，恸哭曰："此余正命之时也。"于是绝食。有人劝他，他说："若曰身不在位，不当与城为存亡，独不当与土为存亡乎？"终绝食而死。

刘兴祚，辽东开原人，被"市夷掠去"，成为后金国中声名显赫的汉官。然而后金残酷的民族压迫和汉人的惨遭蹂躏，深深震动了他未泯的良知，激起了他强烈的民族大义感，萌生了报效国家的坚定信念。崇祯元年，刘兴祚抛下老母妻孥，逃离后金。他归明后积极投入抗金斗争，深得袁崇焕的信任。后阵亡。史学家称誉刘兴祚说："兴祚逋亡之余，百计脱归，有宋李显忠之风。"李显忠，南宋名将。17 岁跟随父亲出战金人。后被俘，金人授其父子以官，欲寻机执金帅兀术归宋，未果。继授承宣使，知同州。计执金帅撒里曷，因遭金兵追击，事败，全家二百余口遇害。宋绍兴九年，出奔夏国，借兵20万，击擒撒里曷，取陕西五路归于夏。统兵20万取陕西，至延安，归宋，赐名显忠，被大宋皇帝视为干城。数败金兵。因秦桧、金使谗陷，被降官奉祠，居台州。绍兴二十九年，获采石之捷，尽复淮西州郡，以功授淮西制置使。淳熙四年卒，谥“忠襄”。

〔明〕陈醇《墨梅图》

李延庚，李永芳之长子。身居高位，但却不齿于其父贪生变节、为虎作伥之行径，下定抗金忠明之决心。他曾积极参与刘兴祚组织的复州汉人逃离后金的活动，积极协助刘兴祚兄弟先后逃离后金。当后金发兵进攻大凌河、宁远时，乃“遣心腹家丁往作奸细”，向明朝及时通报信息。后事泄被害，杀身成仁。

此外，更值得充分肯定的是同仇敌忾的平民忠义行动。松锦之战中，广大汉人的凛然志节，深深震撼了朝鲜人。朝鲜世子曾深情地记载道，明人于杏山激战失败后，清人三日搜杀，极其惨酷，而汉人视死如归，鲜有乞降者。他们还于生死关头“拥荷其将立于海中，伸臂翼蔽，俾不中箭，不失敬礼，死而后已”。

江阴县民众以“头可断，发绝不可薙也”相号召，在阎应元的领导下抗击清兵，一次次地重创来犯之敌。明降将刘良佐至城下劝降，阎应元曰：“余明朝一典史，尚知大义；将军爵五等，膺重镇，乃为敌前驱，何面目见吾邑士民乎？”刘良佐惭愧而退。阎应元守城81日，城破后又与清兵展开巷战。清兵围城者24万，死者6.7万，巷战死者又7000，凡损卒7.5万有奇。阎应元被俘，刘良佐哭劝其降，应元笑道：“何哭！事至此，一死耳！”“挺立不屈”而死。城中死者，井中处处填满，然竟无一人降者。时为之语曰：八十日戴发效忠，表太祖十七朝人物；六万人同心死义，存大明三百里江山。南明隆武帝闻而泣之曰：“吾家子孙遇江阴人，虽三尺童子亦当加敬也。”

呜呼，梅花如雪，芳香不染。这些有名、无名英雄

〔清〕孙原湘《梅花图》(局部)

悲壮斗争的感人事迹，是明清之际历史舞台上最为壮丽的一幕，是中国数千年来一脉相承的坚持正义、不畏强暴、勇于斗争、不屈不挠的伟大民族精神的充分体现。这种精神的存在，是我们中华民族的宝贵财富，是我们中华民族生生不息的原动力，是我们中华民族和平崛起的保障力量。表彰忠义，鞭挞叛贰，对弘扬正气，倡导热爱国家、热爱民族，提倡献身精神，自有深远的意义。

乾隆四十年十一月，颁布《命议予明季殉节诸臣谥典谕》，指出该是对那些因坚决抗清而死的各类人物全面"论定"的时候了。谕曰：

> 若史可法之支撑残局，力矢孤忠，终蹈一死以殉；又如刘宗周、黄道周等之立朝謇谔，抵触佥壬，及遭际时艰，临危授命，均足称一代完人，为褒扬所当及。其他或死守城池，或身殒行阵，与夫俘擒骈戮、视死如归者。……事后平情而论，若而人者，

〔清〕孙原湘《梅花图》(局部)

〔明〕陈录《梅花图》

皆无愧于疾风劲草，即自尽以全名节，其心迹亦并可矜怜。

那些茹苦相从追随南明诸王的舍生取义之士，是各忠于所事，怎么能让他们湮没而不彰显呢！所以拟定两种谥法：对那些卓然可传而又取义成仁、支柱名教的，特别予以褒崇，予以专谥，即一人一谥，总共33人。对那些平时并没有什么表现，但是临危之际能够慷慨致命的，予以通谥，总共1505人。还有2249位忠义的平民百姓，虽然不能一一赐谥，但皆在其所在地立忠义祠。

以上所述的几千人，不过是沧海之一粟。其实，除了一小撮贰臣贼子之外，更多的是临危受命、慷慨激昂之士，他们尤能体现我们中华民族的气节与精神。

让人感慨的是，乾隆还有一道《命国史馆编列明季贰臣传谕》。该谕中说：如洪承畴以经略丧师，俘擒投顺；祖大寿以镇将惧祸，带城来投；及定鼎时，若冯铨、王铎、宋权、谢升、金之俊、党崇雅等在明朝身居要位，入清朝后仍然给予高官，那只是国家开创之始，不得不加之录用，以靖人心而明顺逆。“今事后平情而论，若而人者，皆以胜国臣僚，乃遭际时艰，不能为其主临危授

〔清〕高凤翰《梅竹石图》

命，辄复畏死幸生，觍颜降附，岂得复谓之完人？”而像“此等大节有亏之人，不能念其建有勋绩，谅于生前，亦不能因其尚有后人，原(宥)于既死”。故“准情酌理”，应于国史中另立《贰臣传》一门，将上述诸臣仕明及仕清之事迹，“据实直书，使不能纤微隐饰，即所谓虽孝子慈孙百世不能改者”。

从根本上说，乾隆的《命议予明季殉节诸臣谥典谕》与《命国史馆编列明季贰臣传谕》是对传统道德、正义与良知的认同。崇尚忠义是各族人民的共识。爱国、报国是一切忠义者思考和行动的出发点和归宿点，也是忠义者与所有叛贰者的根本区别之所在。

1990年，江泽民总书记在接见中国台湾“统联”访问团时深情地说：“在扬州城外梅花岭，在民族英雄史可法的衣冠冢，冢前有一副对联，叫做‘数点梅花亡国泪，二分明月故臣心’，就能激发人的民族自尊心和爱国热情。”

青山有幸埋忠骨，梅花清贞伴义魂。史公祠已成为一种精神的象征，梅花俨然是活着的图腾。

第七节　红梅赞

红岩上,红梅开。千里冰霜脚下踩,三九严寒何所惧,一片丹心向阳开。红梅花儿开,朵朵放光彩。昂首怒放花万朵,香飘云天外。唤醒百花齐开放,高歌欢庆新春来。

这是词作家阎肃为歌剧《江姐》而做的主题歌歌词。昂扬雄奇的歌词配以深情优美的旋律,一经演出就唱响大江南北。

雪梅

江姐原名江竹筠,1920 年 8 月 20 日出生于四川省自贡市大山铺江家湾的一个农民家庭。1939 年加入中国共产党,入党后,按党组织的要求,与共产党员彭咏梧扮作夫妻,组成一个“家庭”,作为重庆市委的秘密机关和地下党员学习的辅导中心。1945 年,并肩战斗了两年的假夫妻终于结成了真伴侣。

红梅

1947年春，中共重庆市委创办《挺进报》，江竹筠具体负责校对、整理、传送电讯稿和发行工作，只几个月的时间，报纸就发行到1600多份，引起了敌人的极大恐慌。1948年，由于叛徒冉益智的出卖，江姐不幸被捕。在重庆中美合作所渣滓洞集中营里，江姐惨遭指钉竹签等毒刑的残酷折磨，但仍坚贞不屈，并领导狱中的难友同敌人展开坚决的斗争。难友诗人蔡梦慰用竹签蘸红药水在草纸上写下了《黑牢诗篇》，表达了对江姐的敬佩："热铁烙在胸脯上，竹签钉进每一根指尖，用凉水来灌鼻孔，用电流通过全身，人的意志啊，在地狱的毒火里熬炼，像金子一般的亮！像金子一般的坚！可以使皮肉烧焦，可以使筋骨折断；铁的棍子，木的杠子，撬不开紧咬着的嘴唇，那是千百个战士的安全线啊！用刺刀来切剖胸腹吧，挖得出来的——也只有又热又红的心肝！"为了鼓舞狱中战友的斗志，江姐背诵和默写毛泽东的《新民主主义论》和刘少奇的《论共产党员的修养》，组织女牢难友学习，提出"坚持学习，锻炼身体，迎接解放"的口号。1949年11月14日，江姐被特务秘密枪杀，然后被用镪水毁尸灭迹，时年 29 岁。

此后，重庆中美合作所集中营的幸存者罗广斌、杨益言以江姐等中美合作所集中营烈士的事迹为题材，创作了长篇小说《红岩》。《红岩》出版后，很快便在社会上流传开来，特别是在青少年读者中，受到了热烈的欢迎，在社会上形成了《红岩》热。至今印了二十多次，发行千万册（不包括中国香港版本），被译成了日、德、英、法、越、朝、蒙等十种以上的文字。

“一片丹心向阳开”，这是烈士在狱中宁死不屈时唱的歌。梅以它独有的特质鼓舞人，梅更因烈士生命的诠释而铸就灿烂。

梅花怒放

第二章　咏　梅

〔清〕恽寿平《雪残春光图》

第一节　何逊咏早梅

东阁官梅动诗兴，还如何逊在扬州。
此时对雪遥相忆，送客逢春可自由。
幸不折来伤岁暮，若为看去乱乡愁。
江边一树垂垂发，朝夕催人自白头。

〔明〕陈继儒《梅花图》

这是唐代著名诗人杜甫的《和裴迪登蜀州东亭送客逢早梅相忆见寄》诗作，其中引用了“何逊扬州咏梅”的典故。

据说何逊在扬州的时候，官署里有一株梅花，他常在梅花下驻足吟赏。后来何逊被迁到洛阳去任职，还是念念不忘扬州的那棵梅花，于是便请求重新回到扬州任职。到达扬州时，梅花盛开，何逊在花下徘徊终日，久久而不离去。何逊可算得上是一个“梅痴”。在历史上，爱梅成癖，首推何逊，清代俞樾因此认为正月梅花的花神应该是何逊而不应为林逋。宋代张端义在《贵耳集》中认为诗句中有梅花二字便觉有清意，自何逊之后用梅花不知几人矣。宋代赵蕃用诗总结道："梅从何逊骤知名，句入林逋价转增。"

自从杜甫写了"东阁官梅动诗兴，还如何逊在扬州"以后，何逊就成了代表一定意象的咏梅典故。宋代晁补之《谢王立之送蜡梅五首》："定知何逊牵诗兴，借与穿帘一点光。"宋代姜夔《暗香》词中有："何逊而今渐老，都忘却春风词笔。"宋代周紫芝《浣溪沙》："天意若教花似雪，客情宁恨鬓如秋。趁他何逊在扬州。"明代高启《梅花》："自去何郎无好韵，东风愁寂几回开。"

何逊有《咏早梅》诗：

兔园标物序，
惊时最是梅。
衔霜当路发，
映雪拟寒开。
枝横却月观，
花绕凌风台。
朝洒长门泣，
夕驻临邛杯。
应知早飘落，
故逐上春来。

〔明〕陈洪绶《闲话宫事图》

诗中的长门就是指汉代的长门宫。陈皇后失

宠于汉武皇帝，冷清清地住在长门宫，愁闷悲思，于是使人奉黄金百斤令司马相如为文。相如作《长门赋》，感动了汉武帝，陈皇后重新得到亲幸。临邛杯是指司马相如与卓文君卖酒的故事。卓文君新寡，司马相如奏一曲《凤求凰》，倾吐爱慕之情。文君听到琴声后，悦而与相如私奔。文君的父亲卓王孙大怒，表示不予以经济支持。当时司马相如家徒四壁，身无分文。于是两人在临邛卖酒为生，文君当炉，相如涤器。“朝洒长门泣，夕驻临邛杯”，何逊以司马相如的故事入诗，当有所寓。

何逊出身于书香门第，曾祖何承天是一位博学渊通的学者。何逊少年知名，八岁能赋诗，弱冠举秀才。当时文坛名流沈约、范云对他赞叹有加，范云评价他说：“顷观文人，质则过儒，丽则伤俗，其能含清浊，中今古，见之何生矣。”自沈约等人倡导声病之说，王融、范云、谢朓、吴均等竞为新体诗，即所谓“永明体”。这种诗讲求声律、对偶，反映了诗歌向格律发展的趋势。何逊是“永明体”的重要代表作家之一，他的诗工于写景抒情，又巧于对仗，音韵也很美。沈约曾对何逊说：“吾每读卿诗，一日三复，犹不能已。”何逊对历代诗人的影响甚大。杜甫曾说“颇学阴何苦用心”，其中“何”是指何逊，“阴”是指陈代诗人阴铿。杜甫《与李十二白同寻范十隐居》云：“李侯有佳句，往往似阴铿。”梁元帝萧绎曾评论说：“诗多而能者沈约，少而能者谢朓、何逊。”宋代黄伯思跋《春明宋氏逊集》云：“逊秀句殊多，……故曰能诗何水曹，信非虚赏。”何逊《仰赠从兄兴宁寘南》诗云：“家世传儒雅，贞白仰余徽。”《落日前墟望赠范广州云》诗言：“我心怀硕德，思欲命轻车。高门盛游侣，谁肯进畋渔。”可见，何逊自视甚高。所以，“朝洒长门泣，夕驻临邛杯”是何逊以司马相如自喻。

〔清〕华嵒《山雀爱梅图》

诗中的“兔园”不是普通的花园，它也称梁园，是汉梁孝王刘武的私家花园。《西京杂记》载：“梁孝王好宫室苑囿之乐，筑兔园。”兔园让后世文人魂牵梦绕的不是“宫观相连，奇果佳树，瑰禽异兽，靡不毕备”的花草与摆设，而是活动在此的几多英雄豪杰。梁孝王善待士，于是邹阳、枚乘、严忌等都来投奔梁孝王。司马相如本在朝廷为武骑常侍，因汉景帝不爱好辞赋，遂郁郁不得志。一次，梁孝王来朝，从者有邹阳、枚乘等人，相如见而悦之，于是也辞官投奔梁孝王。此时的兔园人才济济，枚乘写有著名的《梁王兔园赋》。之后，兔园经常出现在文学作品中。谢惠连《雪赋》云：“岁将暮，时既昏。寒风积，愁云繁。梁王不悦，游于兔园。乃置旨酒，命宾友。召邹生，延枚叟。相如末至，居客之右。”因此，何逊诗中的“兔园”既是指梅生长的花园，又是指诗人日夜奋斗的朝廷。在“兔园”中，诗人与梅花一样，“枝横却月观，花绕凌风台”，花枝招展，才华横溢；但是，“应知早飘落，故逐上春来”，诗人非常明白花终究会飘落的：可以说是既踌躇满志，又充满忧患意识。

这种忧患意识不幸被唐末的李商隐碰上了。李商隐，号玉谿生，是晚唐最著名的诗人，与杜牧并称“小李杜”。晚唐诗歌总体呈下滑趋势，是李商隐又将它推向了高峰。但是由于党派斗争，李商隐成了牛、李党争的牺牲品，郁郁不得志，潦倒终身，46岁时死在荥阳。

〔清〕弘仁《墨梅图》

牛李党争源于唐宪宗元和三年(808)的一次科举考试。时任宰相的李吉甫对应试举子牛僧孺、李宗闵进行打击，因为他们在试卷中严厉地批评了自己。由此，李吉甫与牛僧孺、李宗闵等人结怨，这笔恩怨后来被李吉甫的儿子李德裕继承了下来。以牛僧孺、李宗闵为首的“牛党”和以李德裕为领袖的“李党”在数十年中互相攻讦，争斗不休，成为晚唐政治的一大矛盾。

李商隐17岁便以文才见知于牛党成员令狐楚。令狐楚是骈体文的专家，非常欣赏李商隐的才华，不仅教授他骈体文的写作技巧，而且还资助他的家庭生活，鼓励他与自己的子弟交游。唐文宗开成二年(837)，令狐楚之子令狐绹协助李商隐中了进士。可就在这时，令狐楚染病去世。没有了生活依靠的李商隐，一时茫然不知所措，恰好也就在这个时候，李商隐得到泾原节度使王茂元的赏识，被他招为女婿。王茂元与李德裕交好，为“李党”成员。因此牛党认为李商隐背恩负德。以后无论是“牛党”掌权还是“李党”得势，李商隐从来没有机会晋升。

想到自己少年的被人赏识与现今仕途的无望，李商隐在《十一月中旬至扶风界见梅花》诗中曰：

匝路亭亭艳，非时裛裛香。

素娥惟与月，青女不饶霜。

赠远虚盈手，伤离适断肠。

为谁成早秀？不待作年芳。

《与薛肇明弈棋赌梅花诗输一首》曰：

定定住天涯，依依向物华。

寒梅最堪恨，常作去年花。

李商隐笔下的梅花是“最堪恨”的，因为它“常作去年花”，“不待作年芳”。它只有辉煌的过去。

〔清〕八大山人《老梅图》

第二节　王安石咏梅香

王安石，字介甫，晚号半山，封荆国公，世人又称他为王荆公或临川先生。王安石是北宋杰出的政治家、思想家、文学家，唐宋八大家之一，死后谥号为文。陆九渊称王安石："英迈特往，不屑流俗，洁白之操，寒于冰霜。"苏轼在任中书舍人时替哲宗写的《王安石赠太傅制》说：王安石"少学孔孟，晚师瞿聃。罔罗六艺之遗文，断以己意；糠粃百家之陈迹，作新斯人。属熙宁之有为，冠群贤而首用。信任之笃，古今所无。方需功业之成，遽起山林之兴。浮云何有，脱屣如遗。屡争席于渔樵，不乱群于麋鹿。进退之美，雍容可观"。黄庭坚评价王安石说："然余尝观其风度，真视富贵如浮云，不溺于财利酒色，一世之伟人也。"

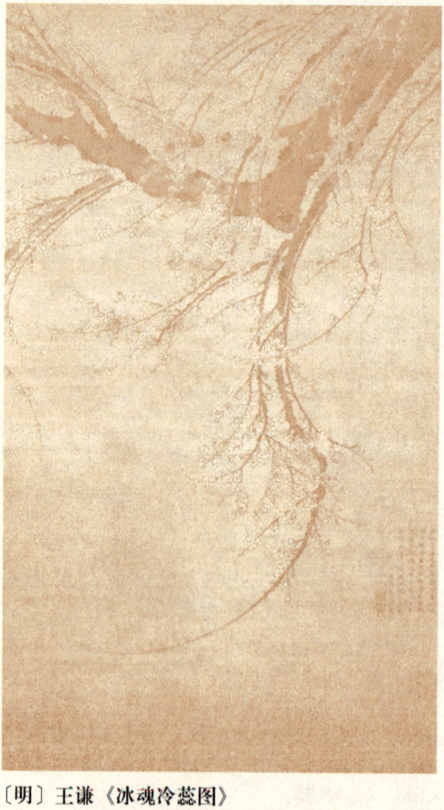

〔明〕王谦《冰魂冷蕊图》

为了扭转积贫积弱的局势，王安石要求对宋初以来的法度进行改革。熙宁三年，王安石升任宰相，开始推行变法的主张，希望民不加赋而国用足。他制定的均输、青苗、方田均税、农田水利、免税，市易等法律是为了理财富国；而保马、保甲、将兵诸法则是为了强兵。但是变法并没有取得成功，反而在众多的反对声中宣告了失败。

〔宋〕佚名《冬日婴戏图》

有良好的愿望和动机，并不一定就产生良好的结果。古来变法，实际所要解决的是理财和用人两个方面的问题。理财是为了富国强兵，是变法最基本的需求；而用人则关系到财理到哪里去了，实际关系到变法的成败。

王安石变法，很关键的一点就是没有很好地解决用人的问题，他基本贯彻着党同伐异的路线：只要是口头上坚决拥护新法的，他都任用，而不管其人品怎样，节操如何，是否会有胸襟为了最终目标而能虚怀若谷地博采众家之良言，忍辱负重地团结同人，目标一致地坚定地走到底。相反，恰恰是这些人，大多是政治投机分子，并不真心拥护变法改革。他们一旦得到权力就阳奉阴违，将新法变成自己搜刮敛财、扰民害民的工具。所以，假如王安石在用人上能够听其言而

〔明〕陈继儒《梅石水仙图》

观其行，能够坚持用人唯贤的路线，而不是党同伐异，那么，至少新法在实行过程中不会变味，不会成为投机分子营私舞弊的工具。那些名臣们一致反对王安石变法，其实在很大程度上是在反对他的用人。如果王安石能够开诚布公地与韩琦、富弼、范纯仁、司马光、文彦博这些当年的改革者、智者作倾心之谈，以国之根本打动他们，相信这些名臣大多数不会坚持腐朽之见，仅以利己来论国事。更何况，像苏轼兄弟也不会一概反对变法。

王安石的变法给中国政治造成了深远的影响，王安石的诗词文章对后世的影响也是深远的，很多人从其中获取了营养。王安石是一个思维深刻而性情内敛的人，他的文章很简括，言简而意深，有尺幅千里之势。

白玉堂前一树梅，为谁零落为谁开。

唯有春风最相惜，一年一度一归来。

这首《梅花》诗是王安石集前人诗句而成的，却能够羚羊挂角，无迹可寻。诗的语言直白，却内涵丰富。“为谁零落为谁开”，包含着一种价值追问的口气，花开花落到底是为了什么？诗人回答说："唯有春风最相惜，一年一度一归来。"是因为春风一年一度的相惜相怜。那么对于诗人而言，春风指的是什么呢？他没有明说。唐代齐己的《早梅》诗说："万木冻欲折，孤根独暖回。前村深雪里，昨夜一枝开。风递幽香出，禽窥素色来。明年如应律，先发望春台。"末联的望春台既有"望春"的含义，又似指京城。诗人满怀的希望是：明年应时而发，在望春台上独占鳌头。王安石之诗哀而不怨，志存高洁。齐己的"应律"与王安石的"一年一归来"字面意思一样，但是意境有着明显的差别。

王安石的《与微之同赋梅花得香字三首》是深得梅花神理的诗。诗人别具慧心，观察入微，形象生动，能道人所不道处。其一诗云：

汉宫娇额半涂黄，粉色凌寒透薄妆。
好借月魂来映烛，恐随春梦去飞扬。
风亭把盏酬孤艳，雪径回舆认暗香。
不为调羹应结子，直须留此占年芳。

其二诗云：

结子非贪鼎鼐尝，偶先红杏占年芳。
从教腊雪埋藏得，却怕春风漏泄香。
不御铅华知国色，只裁云缕想仙装。
少陵为尔牵诗兴，可是无心赋海棠。

"娇额涂黄"用了寿阳公主的典故。寿阳公主是南朝宋武帝的女儿，有一年的正月初七，她躺在含章殿的檐下小憩，这时微风吹来，有几朵梅花落到了她的额头上，经汗水渍染后，在前额上留下了梅花样的淡淡花痕，拂拭不去，而公主亦显得更加娇柔妩媚。皇后见了，十分喜欢，特意让寿阳公主保留它，三天后才将其用水洗掉。此后，爱美的寿阳公主便时常摘几片梅花，粘贴在自己的前额上，以助娇媚。宫女们看到后，也跟着仿效起来，称为"梅花妆"。李商隐《蝶》诗云："寿阳公主嫁时妆，八字宫眉捧额黄。"北宋时，每年正月的十四、十五、十六日夜，都城东京（今河南开封）的青年妇女都佩戴玉梅头饰。宋代李邴《女冠子》词："东来西往谁家女，买玉梅争戴，缓步香风度。"后世的人们于是传说寿阳公主是梅花的精灵变成的，将寿阳公主尊为正月的花神。

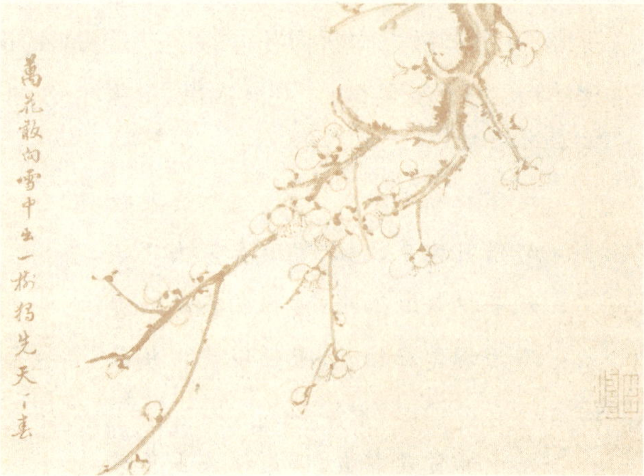

〔清〕高简《墨梅图》

"不为调羹应结子"与"结子非贪鼎鼐尝"的意思相同，表示梅树结子没有功利思想。"从教腊雪埋藏得，却怕春风漏泄香"与陈亮的名句"欲传春信息，不怕雪埋藏"、杨维桢的名句"万花敢向雪中出，一树独先天下春"相类似，只是各有侧重。杨维桢认为雪根本就不可能把花压住；陈亮的诗意是梅花欲传春信息而不怕雪埋藏，但是下面又加一句说"玉笛休三弄，东君正主张"；而王安石的诗意是雪压梅花，但是春风又暗中保护梅花。

“其志洁，故其称物也芳。”这是司马迁在为屈原作赞语时说的。他认为屈原的心志理想是高洁的，是美好的，所以他所称颂的、他所汲引的那些名物都是芬芳的，都是美好的。其实，这句话也可以赠给王安石。

〔元〕邹复雷《墨梅图》(局部)

王安石的《独山梅花》诗云：

独山梅花何所似，半开半谢荆棘中。
美人零落依草木，志士憔悴守蒿蓬。
亭亭孤艳带寒日，漠漠远香随野风。
移栽不得根欲老，回首上林颜色空。

诗中“美人”句化用了杜甫的《佳人》：“绝代有佳人，幽居在空谷。自云良家子，零落依草木。”“志士”句化用了陶渊明的《咏贫士》：“仲蔚爱穷居，绕宅生蒿蓬。”晋代皇甫谧的《高士传》记载：“张仲蔚者，平陵人也。与同郡魏景卿俱修道德，隐身不仕。明天官、博物，善属文，好诗赋。常居穷素，所处蓬蒿没人。闭门养性，不治荣名。时人莫识,唯刘、龚知之。”

“漠漠远香随野风”,在王安石的心目中,梅花的暗香是梅花精神之所在。梅花之有香,就如高士之有坚贞高洁之内美。所以王安石咏梅常写到梅花的暗香:“雪径回舆认暗香”,“却怕春风漏泄香”。最著名的是《梅花》诗:

墙角数枝梅,凌寒独自开。
遥知不是雪,为有暗香来。

这首梅花诗,惠洪的《冷斋夜话》认为是“荆公尝访一高士,不遇,题其壁”。这句话的可靠性如何,难以断定,但是从王安石的这些诗作进行综合分析,本诗以梅花寓高士,以暗香寓高士特有的内美特征,应是不争的事实。至于这位高士是王安石自己还是别人,则无关紧要。宋代李壁的《王荆公诗注》说:“《古乐府》:庭前一树梅,寒多未觉开。只言花似雪,不悟有香来。荆公略转换耳,或偶同也。”《古乐府》即是陈朝苏子卿的《梅花落》,诗云:“中庭一树梅,寒多未觉开。只言花是雪,不悟有香来。上郡春恒晚,

〔明〕陈洪绶《山禽梅花图》

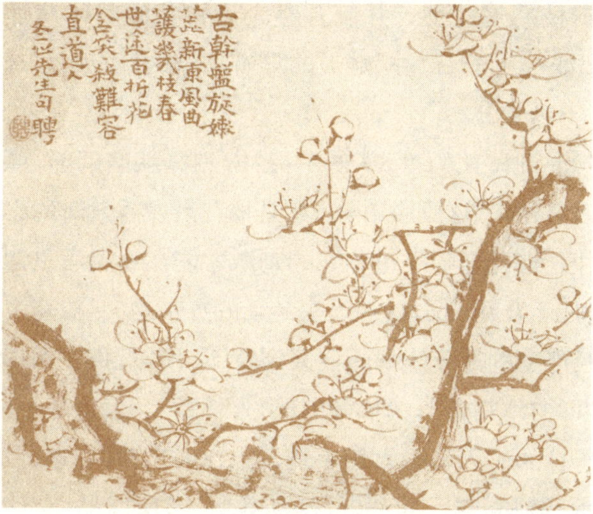

〔清〕罗聘《梅花册》

高楼年易催。织书偏有意，教逐锦文回。”确实，王安石作诗喜欢作“翻案”文章，利用前人的陈旧词句，表达出耳目一新的意思，即所谓的点石成金。若说王安石的诗是对《古乐府》的“略转换”而意境超越是可以的，但如果说它们“偶同”则差矣。苏子卿的《梅花落》只是以梅花起兴，“只言花是雪，不悟有香来”有描物之工，比后来卢梅坡的《雪梅》“梅须逊雪三分白，雪却输梅一段香”要含蓄灵巧，但没有写出苏轼所说的“梅格”。王安石的诗含有丰富的价值判断，如“凌寒”、“独自”已经赋予了梅以人格精神；“遥知不是雪，为有暗香来”指雪与花其余的地方都一样，就是少了暗香。这就像人与木偶相比可以很像，但是人却比木偶多了灵魂，多了思想；同样，高士与凡人相比，则是高士比凡人多了内美。因此，从内涵上来说，方回《瀛奎律髓》的评论“荆公诗似更高妙”是对的。以香咏梅很多，但是以香传达“梅格”的不多，即是林逋的“暗香”也只是疏影斜枝的陪衬物，并没有融入到梅花的整体精神中去。能与王安石“香”媲美的只有陆游的“香如故”(《卜算子·咏梅》)。

说到梅花的香，不能不提“宝剑锋从磨砺出，梅花香自苦寒来”这副联语。苦寒是梅花散发香气时的必要条件，梅花需要经过冬寒的刺激才能在春暖后正常发育，吐蕊开花。反之，在没有冬天的热带地区，梅花由于未经严冬的充分休眠而会遭到破坏。所以，梅花如不经早期的“冰霜苦”，就难得出现“分外香”。人也是一样。孟子认为：“天将降大任于是人也，必先苦其心志，劳其筋骨，饿肤，空乏其身，行拂乱其所为，所以动心忍性，曾益其所不能。”所谓“知之者，不如好之者，好之者，不如乐之者”，梅花与担当大任的人一样，在锻炼过程中是不觉得苦的，而是乐在其中，所谓的苦只是旁人的看法。孔子赞叹颜回说：“贤哉回也！一箪食，一瓢饮，在陋巷，人不堪其忧，回也不改其乐。贤哉回也！”又说：“仁者安仁，不仁者不可以长处乐。”所以，以锻炼为苦的人是不可能有大成就的。

第三节　苏轼咏梅格

苏轼，字子瞻，号东坡居士，北宋眉州眉山(今四川眉山)人。苏轼是中国文学史上一位罕见的通才人物。他的诗充满了对人生的深刻感悟和体会，忧国忧民如屈原，枯淡简朴如陶渊明，任情挥洒如李白，寓意深厚如杜甫。他的词开创了豪放派的词风，如刘熙载《艺概》所说的“无意不可入，无事不可言”，突破了词为艳科的狭隘范围，将通常只在诗中出现的田园风情、山水景物、人生志趣、怀古感今以及咏物记事等内容移入词中，并充分利用词的体式上的特点，取得了诗歌所难以具有的艺术效果。他的散文气势充沛，行若流水，广搜博引，自然清澈，是唐宋八大家中的佼佼者。

〔宋〕苏轼像

苏轼还在书、画、军事、医药、水利、禅宗甚至烹饪、服饰方面均有极深的造诣。苏轼的书法是抒情尚意书风的集中代表，端庄杂流丽，刚健含婀娜。苏轼说自己的书法创作是“我书意造本无法，点画信手烦推求”，其实他的书法是出新意于法度之中，寄妙理于豪放之外。在苏轼那里，书法与文学成就一样，随着阅历的加深，愈益闪放光辉，通向美妙的境界。苏轼也是中国画论史上传神论向写意论转变的代表人物，他所提出的画中有诗、诗画一律、常理与常形之辨是有着永久价值的艺术命题，使中国画发生了划时代的巨大变化。苏轼的绘画理论有力地推动了文人画潮流的发展。可以说苏轼是文人画理论的实际奠基人，是文人画的重要倡导者。

苏轼还曾设计过帽子，酿过良酒，制作过一种特殊的千层饼，调过一种别具味道的汤。湖北特有的传统名菜东坡肉，驰名全国，就是由苏轼始创于黄州的。苏轼总结的烹饪要领是：慢着火，少着水，火候足时它自美。故而烹制出的东坡肉，味极鲜美。苏轼任杭州太守时，开浚西湖，民众得以灌田千顷，赖以殷富；同时又取湖内葑草淤泥于湖中，筑起南北径30里的一条长堤，不仅美化了风景，更方便了行旅和耕作，杭人称之为苏公堤。而上述的东坡肉也跟着沾光，名噪杭州，成了当地的一道名菜。

杭州苏堤

苏轼的笔就像是会点石成金的仙人的指头，许多看似平常之物，在他的观照下，往往会出现令人惊喜的意象。他咏杨花的词《水龙吟·次韵章质夫杨花词》“似花还似非花”，唐圭璋以为此词“咏杨花，遗神取貌，压倒古今”。苏轼赋海棠：“东风袅袅泛崇光，香雾空蒙月转廊。只恐夜深花睡去，故烧高烛照红妆。”一反常规，把花比作美人，自出机杼，令人耳目一新。又《寓居定惠院之东，杂树满山，有海棠一株，土人不知贵也》：

江城地瘴蕃草木，只有名花苦幽独。
嫣然一笑竹篱间，桃李满山总粗俗。
也知造物有深意，故遣佳人在空谷。
自然富贵出天姿，不待金盘荐华屋。
朱唇得酒晕生脸，翠袖卷纱红映肉。
林深雾暗晓光迟，日暖风轻春睡足。
雨中有泪亦凄怆，月下无人更清淑。
先生食饱无一事，散步逍遥自扪腹。
不问人家与僧舍，拄杖敲门看修竹。
忽逢绝艳照衰朽，叹息无言揩病目。
陋邦何处得此花，无乃好事移西蜀。
寸根千里不易到，衔子飞来定鸿鹄。
天涯流落俱可念，为饮一樽歌此曲。
明朝酒醒还独来，雪落纷纷哪忍触。

〔宋〕林椿《海棠图》

以海棠自寓，通过拟人想象，寄托自我幽独超迈之志，表达身世流落之感，苏轼视之为“平生最得意诗”。后人也因此将苏轼追认为海棠花神。

苏轼咏物力求神似，主张妙在似与不似之间，对所咏之物做到不粘不脱、若即若离，使之显示出一种既是事物本身又超越此事物的双重性质的意象。苏轼曾说：

> 诗人有写物之功：桑之未落，其叶沃若，他木殆不可以当此；林逋梅花诗云：疏影横斜水清浅，暗香浮动月黄昏，决非桃李诗；皮日休白莲诗云：无情有恨何人见，月晓风清欲坠时，决非红莲诗。此乃写物之功。若石曼卿红梅诗云：认桃无绿叶，辨杏有青枝，此至陋语，盖村学究体也。

苏轼的上述这种意思在《红梅三首·之一》中再一次得到体现：

〔宋〕赵昌《写生杏花图》

怕愁贪睡独开迟，自恐冰容不入时。
故作小红桃杏色，尚余孤瘦雪霜姿。
寒心未肯随春态，酒晕无端上玉肌。
诗老不知梅格在，更看绿叶与青枝。

石曼卿的《红梅》诗“认桃无绿叶，辨杏有青枝”在苏轼看来仅有红梅之“形”，而无红梅之“神”。苏轼的咏红梅诗把花当做人写，似贪睡慵倦的美人。“故作小红桃杏色，尚余孤瘦雪霜姿”，这两句诗是抓住梅与桃杏

〔明〕沈周《花鸟图册》

不同的特征而炼字点化的名句，由红梅在形态色彩上与桃杏有相似之处落墨，揣拟她怕自己那凌寒犯霜的样子不讨人喜欢，所以学桃杏那样略呈红妆，然则终究不能隐藏高洁孤瘦的气质。另外，选用“瘦”字来刻画梅态，实在切合梅树花季枝枯无叶的体态特征，最能表现她玉肌清骨的风采。与石曼卿本草常识般的比较辨认不同，苏轼的这首诗不但写出了红梅与桃杏相似的外部特征，更是在注重对梅的外在美刻画的同时，遗貌取神地传达出红梅的冷艳姿韵，不仅写出了“梅形”，更凸

〔明〕徐渭《水边梅花图》

现了“梅格”,达到了形肖神完的效果。这首诗也被认作为咏红梅诗的经典。苏轼的《阮郎归》:

暗香浮动月黄昏,堂前一树春。东风何事入西邻。儿家常闭门。　　雪肌冷,玉容真。香腮粉未匀。折花欲寄岭头人。江南日暮云。

词从“雪肌”、“玉容”、“粉腮”方面写其外在美,又从“冷”、“真”、“香”来表现其内在美。既描写了梅之外形,更突出了梅的内在气质,形象逼真,余味无穷。

正如辛弃疾所说的:“少年不识愁滋味,爱上层楼。爱上层楼,为赋新词强说愁。而今识尽愁滋味,欲说还休。欲说还休,却道天凉好个秋。”随着生活阅历的增加,尤其是“乌台诗案”之后,当苏轼惊魂未定、举目无亲地奔波在远谪黄州的路上时,忽然看到路边草棘间的“的皪梅花”时,不禁感慨万分,当即吟出《梅花二首》:

春来幽谷水潺潺,的皪梅花草棘间。
一夜东风吹石裂,半随飞雪渡关山。

何人把酒慰深幽,开自无聊落更愁。
幸有清溪三百曲,不辞相送到黄州。

诗人托物咏怀，表面写梅花，实则写自身遭遇。谷幽水净，草棘色深，显出的皪梅花的孤独和寂寞，让作者倍感凄凉，引起情感上的共鸣。同是天涯沦落人，作者与的皪梅花有着共同的寂寞，有着共同的悲悯，更有着相互的慰藉。“不辞相送到黄州”，此时他把这的皪梅花看成了自己的患难之交。诗人了解梅花，梅花旁依诗人。人与花合二为一，人即花，花即人。

非常幸运的是，现在还存有苏轼《梅花二首·之一》的手书拓本。在黄州的第三年寒食节，苏轼作《黄州寒

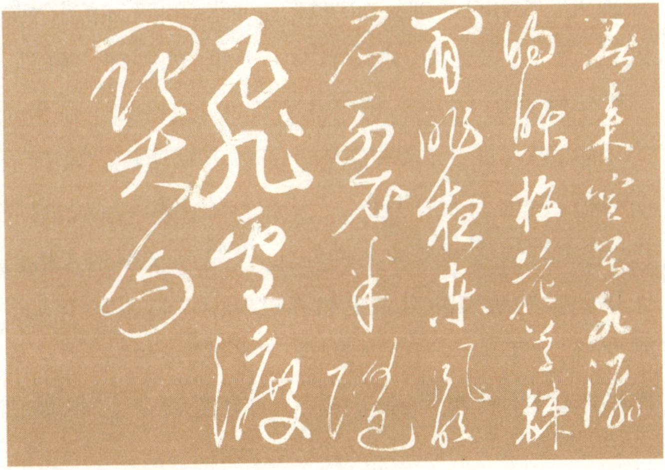

〔宋〕苏轼《梅花诗》

食诗二首》，诗写得苍凉惆怅。苏轼手书的《黄州寒食诗帖》通幅字势大小错落，奇正疏密，如乱石铺街，似雨中夹雪，笔力沉劲，气势磅礴，仿佛有一种悲怆郁凉的气息毫无拘束地在纸面上宣泄。想苏轼书写这幅作品时意不在书，天机自动，若有神助，而意外之笔端，足以使人回味无穷。黄庭坚叹曰：“东坡此诗似李太白，犹恐太白有未到处。此书兼颜鲁公、杨少师、李西台笔意，试使东坡复为之，未必及此。”元代鲜于枢把它称为继王羲

之《兰亭序》、颜真卿《祭侄文稿》之后的“天下第三行书”。《梅花诗帖》虽然没有《黄州寒食诗帖》那样家喻户晓，但也天真烂然，使人动心骇目，有不可形容之妙。《梅花诗帖》行笔以中锋为主，有晋人风韵，细致流畅，用笔隐隐有颜真卿《祭侄文稿》的意味，笔随情走。此帖起首尚是比较平和的草书，作者情绪还较为平静；但两行之后，随着“昨夜东风吹石裂”，情绪波动起伏，作者回想自己被群小诬陷，身心在狱中饱受摧残，感情愈加激越；随着情感逐渐突破理性的束缚，字行与结字也越来越大，飞动的笔画犹如决堤之洪水，顺管奔流，气势恢弘；至“飞雪渡关山”几字力挺天纵，如脱缰之野马，“飞”字骤然拓大四倍，情感跌宕起伏。这恰如一首悲壮的乐章，意尽曲止，余韵悠悠。正如苏轼所说：“常行于所当行，常止于不可不止。”从起首的平和到最后的飞扬，笔法与情绪剧烈冲突的外化，正是苏轼理想人格与无奈现实的激烈冲突。正如苏过所说：“特以其至大至刚之气，发于胸中而应之以手。”米芾《画史》云：“子瞻作枯木，枝干虬屈无端。石皴硬，亦怪怪奇奇无端，如其

〔宋〕苏轼《枯木怪石图》

〔宋〕马远《晓雪山行图》

胸中盘郁也。”书画一理，其书亦当如是观。

此番与梅花的患难相遇，让苏轼刻骨铭心。绍圣元年六月，苏轼在南迁途中再次奉到谪令，责受建昌司马，惠州安置，不得签书公事。十月三日，苏轼终于到达惠州贬所。《十一月二十六日，松风亭下，梅花盛开》诗云：“春风岭上淮南村，昔年梅花曾断魂。”句下诗人自注曰：“予昔赴黄州，春风岭上见梅花，有两绝句。明年正月往岐亭，道中赋诗云：去年今日关山路，细雨梅花正断魂。”注中所谓的“有两绝句”就是上文提到的《梅花二首》。在黄州的第二年正月二十，苏轼前往岐亭访友，道中赋诗云：“去年今日关山路，细雨梅花正断魂。”元丰八年，离开黄州后的苏轼为亲戚所藏的赵昌梅花画题诗，仍是感慨：“南行度关山，沙水清练练。行人已愁绝，日暮集微霰。殷勤小梅花，仿佛吴姬面。暗香随我去，回首惊千片。至今开画图，老眼凄欲泫。幽怀不可写，归梦君家倩。”

司马迁《报任安书》谓：“《诗》三百篇，大抵圣贤发

〔清〕佚名《牡丹图》

愤之所为作也。"欧阳修提出"诗穷而后工"。综观苏轼的艺术创作,也以其贬谪时期量多、质佳,尤以黄州为最,《梅花二首》、《赤壁怀古》、《前赤壁赋》、《后赤壁赋》、《卜算子·黄州定惠院寓居作》、《黄州寒食诗帖》等一大批代表作皆产生于黄州。在苏轼远谪黄州之前的九年间,他往来于淮扬、苏杭沿线,所遇梅花当不少,而此间咏梅诗却寥寥无几,倒是对牡丹产生了浓厚的兴致。杭州吉祥寺以牡丹闻名,隆冬时节,梅花正放,而牡丹未开,苏轼诗云:"东君意浅著寒梅,千朵深红未暇裁。安得道人殷七七,不论时节遣花开。"明显地钟情牡丹而冷落梅花。苏轼知密州,还一再忆起杭州赏牡丹,在密州也多吟咏牡丹之诗。"乌台诗案"之后,梅花自怜幽独、独立不迁的高洁禀性让诗人产生了共鸣,诗人于梅花身上已非仅仅一般的欣赏花容丽色,而是自己情怀的寄托。"玉妃谪堕烟雨村,先生作诗与招魂",诗人把梅花拟想为与自己一样沦落瘴烟之地的宫中怨妃；“松风亭下荆棘里，两株玉蕊明朝暾。海南仙云娇堕砌，月下缟衣来扣门”，把梅花拟想为月下来访的仙女。这样的比拟，既切合诗人远谪蛮荒的处境，寄托了无比落寞的情怀，也对应诗人超迈孤峭、自甘幽独的精神品质。因此，梅花诗也因苏轼之宦海沉浮、人生飘泊而别开新境界。

〔明〕陈录《万玉图》

苏轼的《西江月·梅花》：

玉骨哪愁瘴雾，冰姿自有仙风。海仙时遣探芳丛，倒挂绿毛幺凤。

素面常嫌粉涴，洗妆不褪唇红。高情已逐晓云空，不与梨花同梦。

这是一首正面描写梅花的绝妙好词，杨慎《词品》云：“古今梅词，以坡仙绿毛幺凤为第一。”词写惠州梅花的风神。古代广东沿海是瘴气很重的地区，韩愈诗“云横秦岭家何在，雪拥蓝关马不前。知汝远来应有意，好收吾骨瘴江边”就可以说明这一点。而梅花就如同姑射仙子，有冰雪般的肌体，神仙般的风致，不怕瘴气的侵袭。梅花的仙姿艳态引起了海仙的羡爱，经常派遣使者绿毛幺凤来探望。岭南的梅花比其他地方的梅花红。

〔明〕陈醇《墨梅图》

慧洪《冷斋夜话》记载："岭外梅花与中国异，其花几类桃花之色，而唇红香著。东坡词云'素面常嫌粉涴，洗妆不褪唇红'，'高情已逐晓云空，不与梨花同梦'，写梅花高洁，不与梨花之类为伍。"也有人认为这是悼念朝云而作，《耆旧续闻》卷二引晁以道言："朝云死于岭外，东坡尝作《西江月》一阕，寓意于梅，所谓'高情已逐晓云空'是也。"那么，"不与梨花同梦"则是指诗人没有像朝云一样的红颜知己了。无论是不是悼念朝云，这首词立意超拔脱俗，境象朦胧，情韵悠长，确为苏轼婉约词中的佳作。

宋代咏梅诗词，多有"参横"两字，有人认为它典出于柳宗元的《龙城录》所载的赵师雄故事，而洪迈的《容斋随笔·梅花横参》否认了它。《龙城录》言：隋开皇中，赵师雄迁罗浮。一日天寒日暮，于松林间酒肆傍舍见美人淡妆素服出迎。时已昏黑，残雪未消，月色微明。师雄与语言，极清丽芳香袭人。因与扣酒家门共饮。少顷，一绿衣童子笑歌戏舞，师雄醉寐，但觉风寒相袭。久之东方已白，起视，大梅花树上有翠羽刺嘈相顾，月落参横。惆怅而已。而洪迈认为隆冬之际，黄昏时参星已现，丁夜即凌晨1~3时参星就西落了，哪里还有月落参横之景！曹植《善哉行》有“月没参横，北斗阑干”，但要注意它所说的不是隆冬。秦观《和黄法曹梅花》诗句“月落参横画角哀，暗香消尽令人老”，是因为没有考虑到参星的运动规律而导致的错误。只有东坡的“纷纷初疑月挂树，耿耿独与参横昏”是他自己的亲身体验。

苏轼喜欢在皎洁的月光下观察、思考，月夜给了他无尽的诗思，他的许多名作都与月亮有关，比如《前赤壁赋》、《后赤壁赋》都是月夜游江而作。《后赤壁赋》曰：“江流有声，断岸千尺；山高月小，水落石出。曾日月之几何，而江山不可复识矣。”《前赤壁赋》曰：“少焉，月出于东山之上，徘徊于斗牛之间。”最后仍是从眼前的明月、清风引出对万物变异、人生哲理的议论：

> 客亦知夫水与月乎？逝者如斯，而未尝往也；盈虚者如彼，而卒莫消长也。盖将自其变者而观之，而天地曾不能一瞬；自其不变者而观之，则物于我皆无尽也。而又何羡乎？且夫天地之间，物各

〔金〕武元直《赤壁图》(局部)

〔明〕唐寅《梅花图》

有主。苟非吾之所有，虽一毫而莫取。惟江上之清风，与山间之明月，耳得之而为声，目遇之而成色。取之无禁，用之不竭。是造物者之无尽藏也，而吾与子之所共适。

《记承天寺夜游》是苏轼的一篇小杂文：

元丰六年十月十二日夜，解衣欲睡，月色入户，欣然起行。念无与为乐者，遂至承天寺寻张怀民，怀民亦未寝，相与步于中庭。庭下如积水空明，水中藻、荇交横，盖竹柏影也。何夜无月？何处无竹柏？但少闲人如吾两人者耳。

古人似乎特别熟谙月夜花影的空灵朦胧之美。月光之下，竹柏之影，斑驳婆娑，如水中藻荇，迷离恍惚，耐人寻味，富于诗意。苏轼营造出一个月光澄碧、竹影斑驳、幽静迷人的夜景，恍然如仙境一般。结句“何夜无月？何处无竹柏？但少闲人如吾两人耳”让人深思。“料得年年肠断处，明月夜，短松冈。”这是苏轼为悼念亡妻所作，写得真挚感人。东坡笔下的月，不仅是含情脉脉，而且带着一股仙气与诗情。

这种仙气与诗情，是诗人超脱飘逸风格的体现，也是诗人热爱自然的心情的流露。他的名词《卜算子》：

缺月挂疏桐，漏断人初静。时见幽人独往来，缥缈孤鸿影。　　惊起却回头，有恨无人省。拣尽寒枝不肯栖，寂寞沙洲冷。

以洁静缥缈的月夜环境衬托心事浩茫的幽人。此词很受后人推崇，黄庭坚云："语意高妙，似非吃烟火食人语，非胸中有万卷书，笔下无一点尘俗气，孰能至此！"

苏轼的咏梅名作也多为月下之梅。《和秦太虚梅花》："多情立马待黄昏，残雪消迟月出早。"《次韵杨公济奉议梅花十首》："月黑林间逢缟袂，霸陵醉尉误谁何。""相逢月下是瑶台，藉草清樽连夜开。"《再和杨公济梅花十绝》："北客南来岂是家，醉看参月半横斜。他年欲识吴姬面，秉烛三更对此花。"最著名者当属晚年遭贬岭南的松风亭三首。《十一月二十六日松风亭下梅花盛开》：

春风岭上淮南村，昔年梅花曾断魂。
岂知流落复相见，蛮风蜑雨愁黄昏。
长条半落荔支浦，卧树独秀桄榔园。
岂惟幽光留夜色，直恐冷艳排冬温。
松风亭下荆棘里，两株玉蕊明朝暾。
海南仙云娇堕砌，月下缟衣来扣门。
酒醒梦觉起绕树，妙意有在终无言。
先生独饮勿叹息，幸有落月窥清樽。

《再用前韵》：

罗浮山下梅花村，玉雪为骨冰为魂。
纷纷初疑月挂树，耿耿独与参横昏。
先生索居江海上，悄如病鹤栖荒园。

天香国艳肯相顾，知我酒熟诗清温。
蓬莱宫中花鸟使，绿衣倒挂扶桑暾。
抱丛窥我方醉卧，故遣啄木先敲门。
麻姑过君急洒扫，鸟能歌舞花能言。
酒醒人散山寂寂，惟有落蕊黏空樽。

以月咏梅历代有之，林逋的“疏影横斜水清浅，暗香浮动月黄昏”有“暗香和月入佳句，压尽今古无诗才”的赞叹。与林逋不同，苏轼咏梅诗的时间设定为“参月半横斜”，即深冬夜晚的十时，月色凛冽，阒寂无人，此时极易生发凄凉枯寂、幽思迷茫的种种心理感觉。另外，夜色又掩去了万物光天化日下的秾丽，淡化了梅花作为花树的色彩，只显现虚玄、萧疏、幽淡之象，更有效地渲染出梅花的淡雅高洁。月色澄澈凛冽，梅花幽独孤介，这种高洁之志与孤寂之感交渗一体的情感取向对封建士大夫有着普遍的认同感。梅月交映的淡泊闲静、高洁雅逸的形象代表了士大夫的人格理想，而寓含的那份幽独孤寂、冷落荒寒的感觉，又是仕途挫折的经常体验。宋代楼盘在《霜天晓角》里对林逋与苏轼写梅的时间设定作了比较，说：“月淡风轻，黄昏未是清。吟到十分清处，也不啻、二三更。”

第四节　刘克庄咏落梅

宋朝有两大“诗案”，一是苏轼的“乌台诗案”，一是刘克庄的“落梅诗案”。刘克庄，字潜夫，号后村，南宋诗人、词人、诗论家。他写了一首《落梅》：

一片能教一断肠，可堪平砌更堆墙。

飘如迁客来过岭，坠似骚人去赴湘。

乱点莓苔多莫数，偶粘衣袖久犹香。

东风谬掌花权柄，却忌孤高不主张。

最后两句的意思是东风无视梅花的清贞高洁，没有怜香惜玉，让梅花在孤清中飘零，可见东风是不称职的。这两句被言事官李知孝等人指控为讪谤当国，于是被罢职。在《刘后村集·跋杨补之墨梅》中，刘克庄感慨地说："予少时有落梅诗为李定舒辈笺注，几陷罪罟。后见梅花辄怕，见画梅花亦怕。然不能不为补之作跋。小儿观傩又爱又怕，予于梅花亦然。"

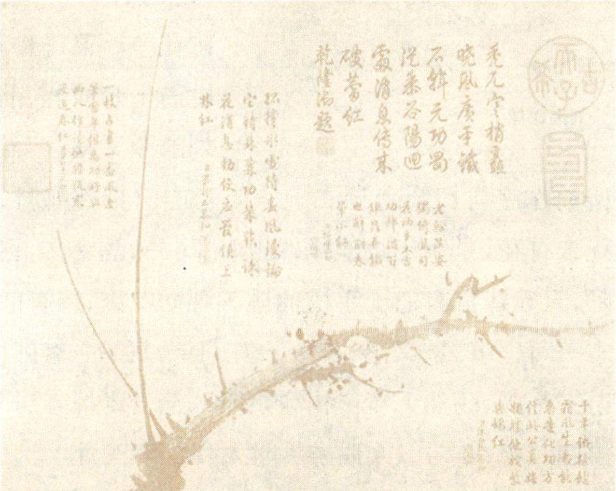

〔元〕吴镇《墨梅图》

复官后，刘克庄又作《病后访梅九绝》，其一云：

梦得因桃数左迁，长源为柳忤当权。

幸然不识桃与柳，却被梅花误十年。

刘禹锡字梦得，经王叔文引荐而做官。后来王叔文出事，刘禹锡也被牵连，贬为连州刺史。十年以后，又被召回。刘禹锡作了一首《玄都观桃花》："紫陌红尘拂面

〔唐〕刘禹锡像

来，无人不道看花回。玄都观里桃千树，尽是刘郎去后栽！”被人认为语涉讥刺，以桃花隐喻暂时得势的小人，于是执政者不悦，刘禹锡再度遭贬。14 年后，他又重新回朝做官，再作《再游玄都观》：“百亩庭中半是苔，桃花净尽菜花开。种桃道士归何处，前度刘郎今又来。”并且在诗前作序言：“余贞元二十一年为屯田员外郎时，此观犹未有花。是岁出牧连州，贬潮州司马。居十年，召至京师，人人皆言有道士手植仙桃满观如红霞，遂有前篇以志一时之事。旋又出牧。今十有四年，复为主客郎中，重游玄都观，荡然无复一树，唯兔葵、燕麦动摇春风耳。因再题二十八字，以俟后游。时太和二年三月。”

刘禹锡明明白白地表示了自己以桃花、兔葵、燕麦隐喻得势小人的观点。刘克庄诗中的长源是指唐代的李泌，他有诗“青青东门柳，岁晏复憔悴”，可是杨国忠认为这是在讽刺他，于是向唐明皇控诉，唐明皇说：写柳的诗就认为是讽刺你的，那么如果他写李树，难道就认为是讽刺我吗？在这首诗中，刘克庄说自己“幸然不识桃与柳，却被梅花误十年”，意即我原来还非常庆幸自己没有写桃花、柳树的诗歌，相信不会出现如刘禹锡、李泌那样痛苦的经历，哪知还是被梅花连累了十年。

确实，在刘克庄之前，只有因为写梅花诗而得到嘉奖的，还没有人因为写梅花诗而惹祸的。宋代的王曾写了一首梅花诗献给吕蒙正，其中的一句“而今未问和羹事，且向百花头上开”被吕蒙正认为气势非凡，有宰相之才。陈与义的诗句“意足不求颜色似，前身相马九方皋”被宋徽宗称赏不已，由此知名，仕宦亦浸显。在《陈简斋诗》序言中，葛胜仲写道：“世言诗能穷人……刘梦得坐种桃句黜刺

〔宋〕宋徽宗《蜡梅山禽图》

连州……予谓诗不惟不能穷人且能达人……陈公讳与义，……天分既高用心亦苦……徽宗皇帝见其所赋墨梅诗，善之，亟命召对，有见晚之嗟，遂登册府，擢掌符玺而进用矣。”所以刘克庄的《病后访梅九绝》其二言：

一联半首致魁台，前有沂公后简斋。
自是君诗无警策，梅花穷杀几人来。

沂公是指王曾，简斋是陈与义的号。刘克庄说自己因此而失去警惕之心，只知梅花能达人，哪知梅花亦能穷人。

“落梅诗案”之后，刘克庄便觉得自己有资格做梅花的代言人了。《病后访梅九绝》其九云：

菊得陶翁名愈重，莲因周子品尤尊。
后来谁判梅公案，断自孤山迄后村。

陶翁指陶渊明，周子指周敦颐，他作了著名的《爱莲说》。那么有谁给梅花做代言人呢？刘克庄认为：林逋之后就是我刘后村了。真不知是刘克庄成就了梅花，还是梅花成就了刘克庄。

刘克庄因为“东风”而遭祸，也有因“东风”得解脱的。洪迈《夷坚志》记载：洪迈做会稽太守时，有一位教

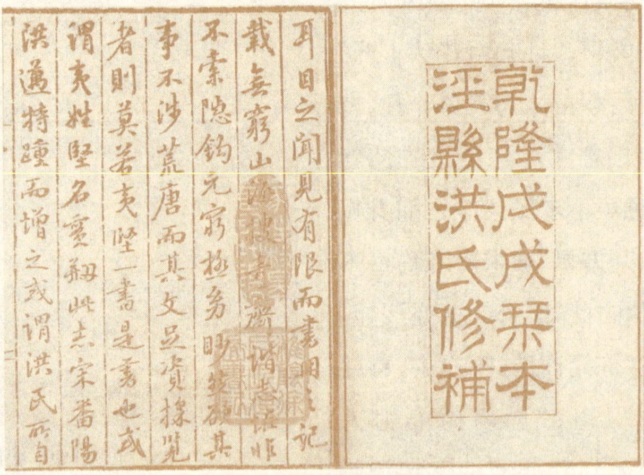

〔宋〕洪迈《夷坚志》书影

坊才女，名叫洪惠英。一日洪迈宴客，洪惠英也在佐酒的歌妓之列。酒到中巡，洪惠英突然对洪迈说：惠英有述怀小曲，想借此机会献给太守大人。洪迈当即应允。洪惠英于是唱道：“梅花似雪，刚被雪来相挫折。雪里梅花，无限精神总属他。梅花无语，只有东君来作主。传语东君，且与梅花作主人。”歌罢，再拜说：梅者，惠英自喻；雪者，无赖恶少。原来这一个多月，洪惠英屡遭无赖恶少骚扰，于是向“东君”即太守洪迈求助。洪迈十分感佩她的才智，对她自然另眼相看。从此，再也无人敢上门骚扰洪惠英了。

第五节 高启咏雪梅

毛泽东曾有一日三找"咏梅诗"的佳话。1961 年 11 月，毛泽东来到杭州，6 日上午，他接连三次写信给秘书田家英，请他找咏梅的诗词。第一次是上午 6 时，信中说："请找宋人林逋的诗文给我为盼，如能在本日下午找到，则更好。"上午 8 时半，毛泽东又给田家英一信："有一首七言律诗，其中两句是雪满山中高士卧，月明林下美人来，是咏梅的，请找出全诗八句给我，能于今日下午交来最好。何人何时写的，记不起来了，似是林逋的，但查林集没有，请你再查一下。"很快，毛泽东又给田家英追加一信："家英同志：又记起来了，是否清人高士奇的。前四句是：琼姿只合在瑶台，谁向江南处处栽。雪满山中高士卧，月明林下美人来。下四句忘了。请问一下文史馆老先生，便知。"田家英很快查清该诗为明代

〔明〕陈洪绶《高士摘梅图》

诗人高启的《梅花》诗，后四句为“寒依疏影萧萧竹，春掩残香漠漠苔。自去何郎无好咏，东风愁寂几回开”。诗找到后，毛泽东极为兴奋，一边吟诵一边挥毫作书，写下了信中说的这首诗，在诗前特地加了一句“高启，字季迪，明朝最伟大的诗人”。

〔明〕朱元璋像

高启是元末明初的著名诗人。元末曾隐居吴淞江畔的青丘，因自号青丘子。明初应召赴南京参与修撰《元史》，任翰林院编修。洪武三年(1370)，朱元璋决定委任高启为户部右侍郎，但他固辞不赴，返青丘授徒自给。高启的这次推辞，给自己种下了祸根。原来，朱元璋对江南士子一直有猜忌之心，因为这些江南士子曾受元政府与张士诚政权的恩泽。洪武元年，朱元璋下了一道《谕隐逸诏》，说：“朕惟天下之广，固非一人所能治，必得天下之贤共成之……岩穴之士，有能贤辅我，以德济民者，尚不吾弃。故兹诏示，咸使闻知。”朱元璋所要的是天下人才对他的顺从，尤其是江南苏州的文人。高启的推辞让朱元璋觉得他与朝廷不合作，已存杀机，这从后来的洪武十八年颁布的《大诰三编·苏州人材第十三》中可以得到印证：“寰宇中士大夫不为君用，是外其教者，诛其身而没其家，不为之过。”而魏观案件又给了朱元璋杀高启的借口。洪武七年，苏州知府魏观择地造新衙门，选了原来张士诚的皇宫旧址，于是流言马上传到朱元璋那里，说这是“心有异图”。而高启不肯做皇上的高官，苏州知府造房子却很卖力，写了一篇《上梁文》。于是魏观砍头，高启腰斩。后来也有人认为真正倒霉的是魏观，因为朱元璋早有杀高启之心，也不是高启犯了什么大罪，而是朱元璋要以此来警告江南士子，朱元璋是借魏观案件杀高启，因此魏观是陪高启送葬的。

《四库全书提要》中称高启：天才高逸，实据明一代诗人之上。高启的诗雄健有力，富有才情，开始改变元末以来缛丽的诗风。反映人民生活的诗质朴真切，富有生活气息。高启的咏梅诗独摄其魂，有其不俗之处，特别是这首诗：

琼姿只合在瑶台，谁向江南处处栽。
雪满山中高士卧，月明林下美人来。
寒依疏影萧萧竹，春掩残香漠漠苔。
自去何郎无好咏，东风愁寂几回开。

前人称这首诗“飘逸绝群，句锻字炼”。这首梅花

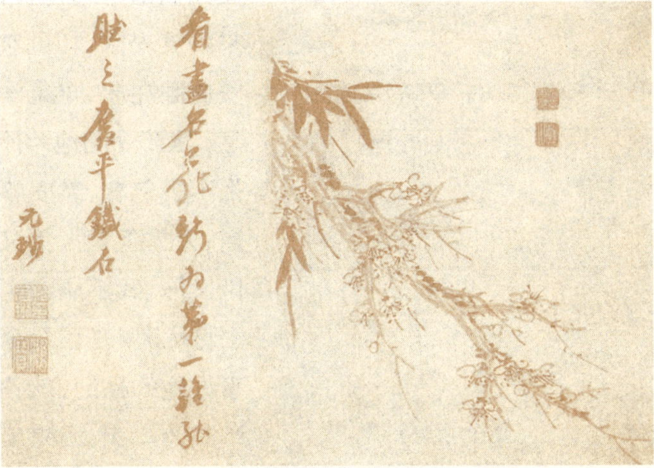

〔明〕倪元璐《梅竹图》

诗，无论就格律、文藻、意境来说，都堪称上品。清人赵翼在《瓯北诗话》中评价高启说：“论者推为开国诗人第一，信不虚也。”诗虽是咏梅，实是诗人心灵的自白，表现了诗人孤芳自赏、幽洁标举的精神志趣。起句以瑶台仙姿赞美梅花的超凡脱俗，然而又以“只合瑶台住”与“江南处处栽”的矛盾表现诗人有志不得伸的痛苦心情。

〔明〕沈周《袁安卧雪图》

颔联中，诗人巧妙地用了两个典故。前句用的是汉代袁安困雪高卧的故事。袁安是东汉时期的一位贤臣。在袁安还默默无闻的时候，有一年冬天，洛阳发生了大雪灾。洛阳令下去巡视灾情时，只见灾民们都出门乞食；来到袁安家，却见袁安偃卧在床，奄奄一息。洛阳令问他为什么不去乞食，袁安答道：大雪天人人都又饿又冻，我不应该再去打扰别人！洛阳令嘉许他的品德，就荐举其为孝廉，后来历任太仆、司空、司徒等要职。在职十年，政尚慈爱，有“袁安留冬日之爱”之誉。后人因以“袁安高卧”、“袁安困雪”等指身处穷困但仍坚守节操的行为。晋陶渊明《咏贫士七首》之五：“袁安困积雪，邈然不可干。”唐高适《苦雪四首》之二：“惠连发清兴，袁安念高卧。”宋陆游《稽山雪》：“冻吟孰窥袁安户，僵卧秃尽苏武节。”以高士比梅花，王安石就曾用过，但高启将梅花拥雪与袁安困雪联系起来，既取得外形的相似，又得神似，却是前辈诗人所不曾点出的。

〔清〕费丹旭《罗浮梦境图》

后句“月明林下美人来”一般都认为用的是隋朝赵师雄夜晚酒醉遇梅花仙子的传奇（详见前述）。苏轼著名的《梅花》诗就说：罗浮山下梅花村，玉雪为骨冰为魂。纷纷初疑月挂树，耿耿独与参横昏。后人遂以“罗浮梦”比喻好景不长，人生如梦；而以罗浮、罗浮美人、罗浮梦、罗浮魂、罗浮客、好梦罗浮等吟咏梅花。但是从整首诗来看，应该是用苏轼的“月下缟衣来扣门”的典故。两个典故虽说同是讲月下仙女来，然而赵师雄夜遇梅花仙子只是实指遇见梅花仙子，没有更多精神层面的生发，与袁安高卧的孤高品格无法对仗；苏轼的“月下缟衣来扣门”却是寄托了自己无比落寞的情怀与超迈孤峭、自甘幽独的精神品质。作为有着“只合瑶台住”理想的高启，他把梅花比拟为拥雪独卧的袁安，那么在赵师雄的梅花仙子与苏轼的月下缟衣之间，他会认同哪一个？答案是不言自明的！在高启的另一些咏梅诗中，有“关山梦别今五年，缟袂谁家月中见”、“缟袂相逢半是仙，平生水竹有深缘”等诗句，这大概也是一个佐证吧！

第六节　桓伊梅花三弄

桓伊，字子野，东晋军事家、音乐家。桓伊与谢玄一起领导了“淝水之战”。他不仅文韬武略，而且“善音乐，尽一时之妙，为江左第一”。他曾经以音乐向皇帝进谏。有一次，孝武帝司马昌明设宴，要桓伊吹笛助兴。一曲吹罢，更请以筝歌，帝许之。伊便抚筝而歌曰：“为君既不易，为臣良独难。忠信事不显，乃有见疑患。周旦佐文武，《金縢》功不刊。推心辅王政，二叔反流言。”声节慷慨，俯仰可观，大家都明白了桓伊的意思，帝甚有愧色。谢安热泪盈眶，忍不住走到桓伊的面前，捋其须曰：“使君于此不凡！”原来，皇帝听信某些好利险诐之徒的挑拨，认为谢安功名盛极，将对他不利，故而对谢安怀有防范之心。谢安当然也感觉到了皇帝的心思，忐忑不安，非常苦闷。桓伊认为谢安功高盖世，但是他对皇帝忠心耿耿，绝无贰心。桓伊在歌中唱到：做君主的不容易，要明辨是非；做臣子的也不容易，即使像周公那样推心置腹地辅佐年幼的周成王，居然也被管叔、蔡叔所谗。

桓伊所用的笛子很有名。伏滔《长笛赋序》曰：“余同僚桓子野有故长笛名柯亭。”《晋书·桓宣列传》记载：桓伊“有蔡邕柯亭笛，常自吹之”。东汉蔡邕所用的笛子就叫柯亭笛。至于桓伊的笛子是蔡邕所用的柯亭笛还是仿真品，则不得而知了。

《世说新语》记载，王徽之进京时，泊舟于清溪，正值桓伊的车从岸上经过，船中有人认出了桓伊。于是王徽之就让人对桓伊说：“闻君善吹笛，试为我一奏。”桓伊与王徽之素不相识，而且桓伊是有地位的显贵人物，他自己兴之所至吹上一曲，有幸耳闻是可以的，岂能因别人所请而为人吹奏！因此一般人都认为王徽之定会自讨无趣。但桓伊久闻王徽之大名，所以十分豁达大度，即刻下车，“为作三调”，吹完便上车离去。桓伊的耿直豁达和笛曲的悠扬高亢为后人所敬仰、赞叹，杜牧《润州》诗有“月明更想桓伊在，一笛闻吹出塞愁”之句；苏轼《昭君怨·送别》词云：“谁作《桓伊三弄》，惊破绿窗幽梦。”但可惜的是，桓伊所吹的曲调早已失传。

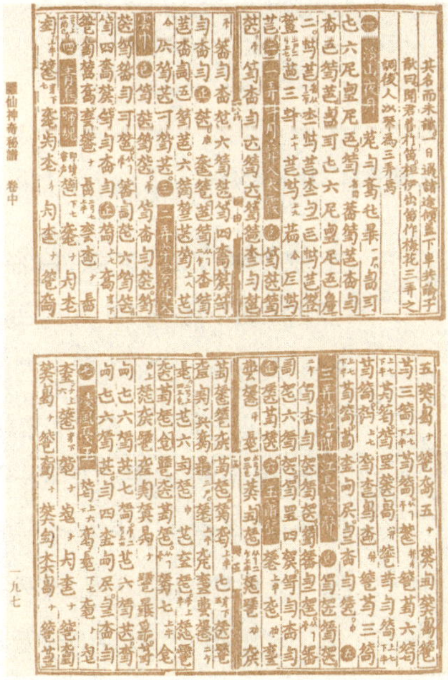

《梅花三弄》古琴曲谱

幸运的是，桓伊的笛

〔元〕朱德润《林下鸣琴图》

子曲被改编为古琴曲《梅花三弄》而广为流传。明代朱权《神奇秘谱·梅花三弄》的琴曲前有一小序云："桓伊出笛作《梅花三弄》之调，后人以琴为三弄焉。"明代杨抡《伯牙心法》云："梅为花之最清，琴为声之最清，以最清之声写最清之物，宜其有凌霜音韵也。"这也是《梅花三弄》广为流传的原因之一吧！

古琴是我国最古老、最重要的乐器，也是一种浑身上下都充满着文化内涵的乐器。琴前广后狭，象征尊卑之别。七弦中，宫、商、角、徵、羽五弦象征君、臣、民、事、物五种社会等级。第六、七弦称为文、武二弦，象征君臣之合恩。弦外侧 13 个圆点的"徽"象征 12 月与闰月。琴长 3.65 尺，象征一年 365 天或周天 365 度。古琴有泛音、按音和散音三种音色，分别象征天、地、人之和合。古琴的这种象征意义是与传统儒家礼乐文化相一致的。古人把乐之和与宇宙之和联系起来，认为最高的和在于整个宇宙（自然和社会）合乎规律的发展。《书经》曰："诗言志，歌永言，声依永，律和声；八音克谐，无相夺伦，神人以和。"《乐记》云："大乐与天地同和。""乐者，天地之和也。"中华民族之所以孜孜不息地辛苦劳作，肯定人生，创造了光辉灿烂的文化，是同这个观念分不开的。唐宋以来，随着各类新兴音乐的发展，琴乐越来越显示出古风独存、高雅玄妙的意味，成了士大夫文人闲适娱乐的风雅习尚。隋朝王通《中说·礼乐》云："美哉！琴意，伤而和，怨而静，在山泽而有廊庙之志。"表现的是"伤而和、怨而静"的平和心态和身在江湖而不忘社稷的情怀。宋代朱长文《琴史》云："夫近世乐道之士，或好于琴，聊以娱养情性而已。"明代梁寅《石门集·寒泉琴记》云：

琴之见重于君子者，非徒以其铿锵而已也。盖琴与瑟配，异于众乐，而列之堂上。其声平和，而非怨悲也；其调雅淡，而非繁促也；其曲皆祖乎圣贤，以之写心畅情，而非荒耽俚鄙之辞也。故善琴者必其人之心体广大，志虑冲远，皭然于尘滓之外，超然于声利之表。故其本之于心，发之于指，莫非大音之妙也。舜之解愠阜财，文王之处险如夷，仲尼

〔宋〕夏圭《临溪抚琴图》

之乐天知命，皆借是物以陶其忧思而已尔。

明代邱浚《重编琼台稿·梅窗琴乐》诗云：

高人好琴得天趣，开窗静对梅花树。

江空岁晚夜深时，丁丁似共南枝语。

淡香疏影太古音，个中乐趣清且深。

等闲三弄梅花曲，花不在梅花在琴。

邱浚认为花不在梅花在琴，但若按照陶渊明说的“但识琴中趣，何劳弦上声”，也可以认为曲在梅花不在琴。

梅花是完美无缺的品德象征。李涛《题盱江王章甫梅境》云：

吾闻梅乃万木母，桃为奴婢李舆台。

一阳生子万物始，梅花独先群卉开。

一阴生午万物成，梅实独先群蔼胎。

华实先天天不违，梅之是地义大矣哉。

梅花花期早，冬至时就秉阳气而发，古人于此体悟阴阳消息、天理流行的大道本体。《程氏遗书》云：“早梅冬至已前发，方一阳未生，然则发生者何也，其荣其枯，此万物一个阴阳升降大节也。”宋代陈深《梅山铭》曰：“得气之先，斯仁之萌。自华而实，斯仁之成。”进一步将梅子的果仁与道德之仁联系起来。宋代魏了翁诗云：“中年《易》里逢梅生，便向根心见华实。”在《华光梅谱》中，作者对梅的象征意义作了另一番解释：

梅之有象，由制气也。花属阳而象天，木属阴而象地，而其故各有五，所以别奇偶而成变化。蒂者，花之所自起，象以太极，故有一丁。房者，花之所自彰，象以三才，故有三点。萼者，花之所自起，象以五行，故有五叶。须者，花之所自成，象以七政，故有七茎。谢者，花之所自究，复以极数，故有九变。此花之所自出，皆阳，而成数皆奇也。根者，梅之所自始，象以二仪，故有二体。木者，梅之所自放，象以四时，故有四向。枝者，梅之所自成，象以六爻，故有六成。梢者，梅之所自备，象以八卦，故有八结。树者，梅之所自全，象以足数，故有十种。此木之所自出，皆阴而成数皆偶也。不惟如此，花正开者，其形规，有至圆之象。花背开者，其形矩，有至方之象。枝之向下，其形俯，有覆器之象。枝之向上，其形仰，有载物之象。于须亦然，正开者，有老阳之象，其须七。谢者，有老阴之象，其须六。半开者，有少阳之象，其须三……蓓蕾者，有天地未分之象，体须未形，其理已著。故有一丁二点而不加三点者，天地未分，而人极未立也。花萼者，天地始定之象。阴阳既分，盛衰相替，包含众相，皆有所自。故有八结九变以及十种，而取象莫非自然而然也。

〔清〕石涛《梅竹图》

因此陆游《梅花》诗云：“造物作梅花，毫发无遗恨。”

随着人们对梅花品格神韵的不断认同与推崇，文人士大夫很自然地将梅花与高雅的古琴联系起来。宋

〔清〕钱维城《松石芝仙流水图》

人张镃在《梅品》一书中，列举26种宜与梅花相映衬、烘托的幽境雅物，其中就有“膝上横琴”一目。宋代赵希鹄《洞天清录·对花弹琴》认为：“弹琴对花，惟岩桂、江梅、茉莉、酴醾等香清而色不艳者方妙。”古琴曲《梅花三弄》体现了乐器音乐风格与梅花品格神韵的高度统一和相得益彰。明代中峰明本和尚诗云：“临风三嗅还三弄，清极香中太古音。”乐曲着意刻画的是梅花高洁、安详、傲雪凌霜的形象。乐曲的引子部分亲切优美，节奏则具有平稳舒缓和跌宕起伏的对比因素，精练地概括了全曲的基本特征。主旋律的三次出现，都是用清澈透明的泛音弹奏，这是取名梅花三弄的原因。尾声的乐曲渐渐平稳，不断飘出袅袅余音。仿佛在经历了风荡雪压的考验之后，一切又归于平静，梅花依然将它清幽的芳香散溢于人间。

另外，在魏晋时期，有一种乐府横吹曲调名叫《梅花落》。所谓横吹曲，就是军中行伍之乐。据说汉代李延年造横吹曲二十八曲，其中就有《梅花落》，唐代时还有《大梅花》、《小梅花》等曲。宋代郭茂倩《乐府诗集》云：“梅花落，本笛中曲也，按唐大角曲亦有大单于、小单于、大梅花、小梅花等曲。今其声犹有存者。”李白《与史郎中钦听黄鹤楼上吹笛》：

一为迁客去长沙，西望长安不见家。

黄鹤楼中吹玉笛，江城五月落梅花。

这是李白乾元元年流放夜郎时在黄鹤楼听到吹奏《梅花落》的笛声而作。江城五月，正当初夏，当然是没有梅花的，但由于《梅花落》笛曲吹得非常动听，便仿佛看到了梅花漫天飘落。诗人由笛声想到梅花，由听觉诉诸视觉，通感交织，描绘出与冷落的心境相吻合的苍凉景色，从而有力地烘托了去国怀乡的悲愁情绪。又如高适的《塞上闻笛》一诗中“胡儿吹笛戍楼间，楼上萧条海月闲。借问梅花何处落？风吹一夜满关山”，同样是因听到笛曲《梅花落》而联想到梅花的凋落进而抒发自己的凄凉情怀。鲍照的《梅花落》“中庭杂树多，偏为梅咨嗟”就是对乐府《梅花落》歌辞的拟作，也是现存最早的一篇。魏晋以来《梅花落》的拟作非常多。与唐宋以后人们只关注梅花的“开”相反，从《梅花落》这个曲名可知，它

〔明〕徐渭《梅花图》(局部)

关注的是梅花的“落”而不是开。梅花飘零的时间正在初春。李煜《清平乐》云：“别来春半，触目柔肠断。砌下落梅如雪乱，拂了一身还满。　雁来音信无凭，路遥归梦难成。离恨恰如春草，更行更远还生。”对于身在异国他乡的游子，梅花的凋落让人荡气回肠，感物思亲。吴均《梅花落》云：“终冬十二月，寒风西北吹。独有梅花落，飘荡不依枝。流连逐霜彩，散漫下冰澌。何当与春日，共映芙蓉池。”以梅花“飘荡不依枝”寓自己无所依傍，孤苦伶仃，发出“何当与春日，共映芙蓉池”的祈求。

〔宋〕马远《梅石溪凫图》

而对于一般的青年男女来说，他们则有着无尽的快乐，梅花落时正是探春歌舞的美好时光。如江总的诗句：“长安少年多轻薄，两两常唱梅花落。满酌金卮催玉柱，落梅树下宜歌舞。”晋代《子夜四时歌·春歌》则全面地描写了从春风荡漾到黯然情伤的心路历程：

〔明〕徐渭《四时花卉图》

春风动春心，流目瞩山林。山林多奇采，阳鸟吐清音。绿荑带长路，丹椒重紫茎。流吹出郊外，共欢弄春英。光风流月初，新林锦花舒。情人戏春月，窈窕曳罗裾。妖冶颜荡骀，景色复多媚。温风入南牖，织妇怀春意。碧楼冥初月，罗绮垂新风。含春未及歌，桂酒发清容。杜鹃竹里鸣，梅花落满道。燕女游春月，罗裳曳芳草。朱光照绿苑，丹花粲罗星。哪能闺中绣？独无怀春情。鲜云媚朱景，芳风散林花。佳人步春苑，绣带飞纷葩。罗裳迮红袖，玉钗明月珰。冶游步春露，艳觅同心郎。春林花多媚，春鸟意多哀。春风复多情，吹我罗裳开。新燕弄初调，杜鹃竞晨鸣。画眉忘注口，游步散春情。梅花落已尽，柳花随风散。叹我当春年，无人相要唤。昔别雁集渚，今还燕巢梁。敢辞岁月久，但使逢春阳。春园花就黄，阳池水方渌。酌酒初满杯，调弦始终曲。娉婷扬袖舞，婀娜曲身轻。照灼兰光在，容冶春风生。阿那曜姿舞，逶迤唱新歌。翠衣发华洛，回情一见过。明月照桂林，初花锦绣色。谁能不相思，独在机中织。崎岖与时竞，不复自顾虑。春风振荣林，常恐华落去。思见春花月，含笑当道路。逢侬多欲摘，可怜持自娱。自从别欢后，叹息不绝响。黄蘖向春生，苦心随日长。

〔明〕陈嘉言《水仙梅雀图》

第三章　画　梅

〔明〕王谦《卓冠群芳图》

第一节　华光仲仁

我国画梅的历史久远。据记载:晋孝武太元三年,谢安的新宫太极殿正缺一栋梁时，石头城下有梅木漂流而至。由于“盐梅和羹”的典故,谢安认为这是好兆头,于是用这段梅木为栋梁,并画梅花于梁上,名为梅梁殿。这是现存最早的画梅记录。

在画面上表现梅花的风姿一直是仁人志士的梦想。唐代崔道融言:“数萼初含雪,孤标画本难。”比华光稍迟的周纯,画人物落笔便成而气韵生动。有一次,盛章故意考他,说:你能为我画出“遥知不是雪,为有暗香来”的梅花意境吗？周纯针锋相对地回答:这是王安石的诗句。如果你能作出这样的诗句，我就能为你画出来！不管周纯是不能画还是不想画,从对话中可知,在画面上表现梅的风姿是相当困难的。

“华光道人执天机,信手扫出孤山姿。”北宋的华光仲仁却以水墨晕染而开画梅的新境界。慧洪和尚在《题

〔明〕陈醇《墨梅》(扇面)

华光梅》说：华光初写梅花，就像迦陵鸟一样，还在卵壳中就能鸣叫，声音清澈，柔软和雅，压倒众鸟。苏轼见到华光的墨梅也赞叹不已，就好像禅宗四祖一见到五祖弘忍便认为他是可造之材一样。秦观在被贬郴州的途中，手书自己的诗文《和黄法曹忆建溪梅花》及苏轼的《和秦太虚梅花》送于华光，希望华光能赠与墨梅两枝作为精神藉慰。其《与华光老求墨梅书》云：“仆方此忧患，无以自娱，愿师为我作两枝见寄，令我得展玩，洗去烦恼。幸甚。”黄庭坚有七首诗是题华光的绘画作品的。他评价华光的墨梅道：“如嫩寒春晓行孤山篱落间，但欠香耳。”意思是欣赏华光的墨梅就像在孤山林逋家赏梅一样，华光画梅花形神俱全，与林逋家的梅花相比只是少了点香味。慧洪《跋山谷帖》

〔明〕陈录《梅花月色图》

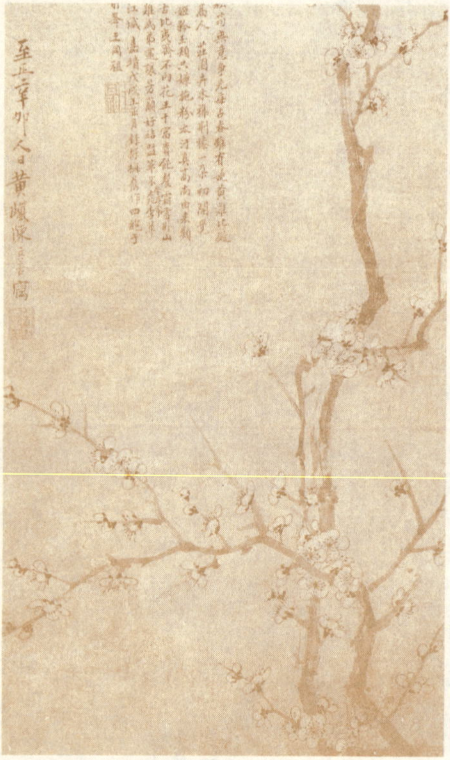

〔元〕陈立善《墨梅图》

说:“山谷翰墨风流不减谢东山，而书词郑重倾倒于华光如此。予疑百世之下有读之者知华光后身支道林哉。”谢东山是指谢安。支道林是东晋佛教学者、高僧。支道林在坐禅之外，喜欢做诗、写字、养马、放鹤，优游山水。养马、放鹤本来不是和尚应做的事，他却照做不误。《世说新语》记载:有人说和尚养马不守本分,支道林回答说:“贫道重其神骏。”有人送鹤给他,支道林把鹤放了,说:“冲天之物，宁为耳目之玩乎!”支道林集名僧与名士于一身,心胸风神特高,所以当时的名士如谢安、许询、郗超、孙绰、王羲之等,都给予支道林很高的评价，并成为道林的知交。华光和尚能够得到苏轼的赞许,秦观、黄庭坚的推崇,慧洪将他比为支道林是自然而然的事情。

“不为歌者苦,但伤知音稀。”华光有幸找到了自己艺术上的“钟子期”。产生这种“峨峨兮若泰山”的默契既与苏轼等人超凡的艺术修养有关，也得益于当时各个艺术部门的充分装备。

“梅经和靖诗堪画”，林希逸的这句诗向我们提示了梅的文化意象的发展是画梅产生的一个重要因素。

林逋的人格魅力为梅花打上了"处士"人格的烙印，开启了梅花作为道德人格象征的历史进程。从此，人们赋予梅以人格化的意志象征；与此同时，人们也在追求梅的精神道德品质。因此，秦观身处忧患时，愿向华光乞墨梅一枝以洗烦恼。秦观所看重的是梅甘于寂寞、坚贞不屈的高风亮节。这种高风亮节不完全表现于华光的墨梅上，很大部分来源于梅文化在秦观思想中的积淀。元代刘将孙《赠梅不尘子桂翁画梅序》云："画非尘外人不能作也。况于梅哉！……夫梅者，生于江南幽远绝敻之地，而骚人墨客之所周旋者也。……和靖暗香疏影一

〔明〕文嘉《墨梅图》

联始入于画。……至逃禅笔妙，时命不遇，遂贻准敕之叹。嗟乎！梅岂富贵福泽哉？”刘将孙的题跋非常全面地表达了梅的文化意象的发展对画梅的影响。按刘将孙的说法，梅本来是骚人墨客的精神所依，而在贵人肉眼中是无足轻重的。刘将孙又以扬补之为例来说明，扬补之曾送墨梅入宫，被徽宗讽为“村梅”，于是他就自署“奉敕村梅”。所以刘将孙接着说：“贵人肉眼以牡丹芍药者视梅，梅固异趣矣。若江空岁晚，山寒谷迴，蝉蜕污浊之中，风流枯槁之后，梅固非世俗之所得友，画亦非

〔元〕王冕《墨梅图》(局部)

青州之所能及也。”华光懂得梅，也有着梅的品格，他没有把墨梅送入宫廷，而是将其与苏轼、秦观、黄庭坚等迁客骚人分享。黄庭坚对华光墨梅的评价是“如行孤山篱落间”。孤山，林逋所隐地也。黄庭坚赞叹的是华光墨梅影射着处士林和靖的闲情逸趣与高风亮节，而并非仅仅是横斜疏影之美。

林逋还为梅文化开启了一个新的审“梅”视角：梅枝之美。宋代赵蕃云：“全树婆娑伙非奢，数枝纤瘦少

尤佳。”后世《潜确类书》总结道：“梅有四贵，贵稀不贵繁，贵老不贵嫩，贵瘦不贵肥，贵含不贵开。”即枝贵老瘦，花贵稀含。清代吴淇《枯梅》：“尽把精华收拾去，止留骨格与人看。”这种贵枝不贵花的审美观得到了文人画的拥护。经过苏轼、文同等人的倡导与实践，文人画逐渐凸显表现书法、笔法之美。梅花的贵枝不贵花就可以抛弃一般花鸟画设色晕染的繁琐技法，转而以粗线条笔墨成功地表现横斜疏影之美。反过来，以粗线条的笔墨表现横斜疏影之美，又可以使观赏者直指梅枝的内在美，避免了精细设色以表现梅花的外观表现的妨碍。慧洪《谢妙高惠墨梅》曰：“雾雨黄昏眼力衰，隔烟初见犯寒枝。径烦南岳道人手，画出西湖处士诗。”妙高就是华光。这首诗进一步说明了华光的墨梅表现梅花的横斜疏影之美。从这么多的文化名流的赞赏声中，我们确实有理由相信华光的墨梅反映了梅花的文化积淀。

赵孟頫画梅花，枝条学华光，花用别法。元代汤垕《画鉴》云：“华光长老以墨晕作梅花，如影然，别成一家，正所谓写意者也。子昂学其枝条，花用别法。”汤垕点出了“影”字。王冕《梅谱·原始》进一步发挥说：“夫梅，始自花光仁老。宋朝哲宗时，僧住衡山花光寺。老僧酷爱梅，唯所居方丈室屋边亦植数本。每花发时，辄床据于其下，吟咏终日，人莫能知其意。月夜未寝，见疏影横于其纸窗，萧然可爱，遂以笔戏摹其影，凌晨视之，殊有月夜之思。”

在历代画论中，画家也很重视观察事物的影子。陆机《演连珠》云：“图形于影，未尽纤丽之容。”即要按照事物的影子来描绘它的外形。所以宗炳《画山水序》认

〔清〕郑板桥《墨竹》

为:“神本亡端，栖形感类，理入影迹，诚能妙写，亦诚尽矣。”郭熙云:“学画竹者，取一枝竹，因月夜照其影于素壁之上，则竹之真形出矣。学画山水者何以异此?”宗炳、郭熙皆认为影中藏有真形，学山水花卉者必须认真观察事物的影子。苏轼曰:“吾尝于灯下顾自见颊影，使人就壁模之，不作眉目，见者皆失笑，知其为吾也。”徐渭将影看成形之真，提出了“舍形而悦影”的说法。直到清代，郑板桥从纸窗粉壁日光月影中去探求画竹的方法，进而从竹影上升到胸中之竹、手中之竹。《板桥题画》言:“江馆清秋，晨起看竹，烟光、日影、露气，皆浮动于疏枝密枝之间。胸中勃勃，遂有画意。其实胸中之竹，并不是眼中之竹也。因而磨墨展纸，落笔倏作变相，手中之竹又不是胸中之竹也。总之，意在笔先者，定则也;趣在法外者，化机也。独画云乎哉!”

可以肯定华光曾经很仔细地研究过梅的影子，王冕也应该这样做过。通过对影的揣摩，画家顺利地将三维的立体实物转换为与之对应的二维平面图像。

梅的影子使画家解决了形似问题。而在影子里，色彩被掩盖了，只留下黑白交错的玄虚之象，为文人画家以水墨画梅提供了依据。张彦远《历代名画记·论画体工用拓写》言："夫阴阳陶蒸，万象错布，玄化亡言，神工独运。草木敷荣，不待丹碌之采；云雪飘飏，不待铅粉而白。山不待空青而翠，凤不待五色而绛。是故运墨而五色具，谓之得意；意在五色，则物象乖矣。夫画物特忌形貌采章，历历具足，甚谨甚细，而外露巧密。"宋代陈与义《水墨梅》发展道："意足不求颜色似，前身相马九方皋。"《列子·说符》记载：九方皋相马，曰：牝而黄。使人往取，则牡而骊。伯乐喟然曰："皋之所观天机也。得其精而忘其粗，在其内而忘其外，见其所见而不见其所不见，视其所视而遗其所不视，若皋者乃有贵乎马也。"伯乐说九方皋关注的是比马本身更重要的东西，在文人画中称之为物象之神。为了获得物象之神，无论是画家还是欣赏者都要避开许多干扰，其中最强烈的干扰就是色彩。老子曰："五色令人目盲……是以圣人为腹不为目，故去彼取此。"所以张彦远说："是故运墨而五色

〔清〕恽寿平《墨梅图》

具，谓之得意；意在五色，则物象乖矣。”张彦远的意思并非如后世所谓的墨分五色，而是得物象之神即具五色。因此，并不是不用色彩就不能表现物象之神，摒弃其他颜色只用水墨就能表现物象之神，只是用水墨可以让欣赏者减少许多干扰，更易直逼本质。后世题跋所谓的“色香本幻还生幻，水墨为梅真是梅”，“凡绘事于花，未有不借色于丹粉，惟梅也，于墨本为最宜”等等，恐怕还是执于相吧！

赵希鹄《洞天清录》称赞扬补之“诗笔清新，无一点俗气”，于是叹息他“不遇苏黄诸公，今人止以能作墨梅目之，竟无品题之者”。言下之意即是庆幸华光因得遇苏黄诸公，才有“墨梅鼻祖”之称。然则华光画墨梅只与懂得欣赏墨梅的文人分享，而不求闻达，宜乎其能为梅写神矣。

第二节　扬补之

扬补之也是一位爱梅者，他所居之处“有梅树大如数间屋”，他日日临画其下，专心致志。元代王恽在《秋涧集·跋杨补之墨梅后》中说他看到扬补之在一幅画上自题云：“月移清影，人立黄昏。”王恽赞叹道：“其用意不分，固已神凝于此君矣。”在向大自然学习的同时，扬补之也认真地向前人学习。《图绘宝鉴》称他“水墨人物学李伯时”。《古今事通》称：“扬补之，号逃禅老人，作墨梅，祖华光。”功夫不负有心人，扬补之终于成为一代画梅大师，而且有出于蓝而胜于蓝之誉。宋代赵希鹄《洞天清录》云：“扬补之……下笔便胜华光仲仁。”

南宋的刘克庄曾比较扬补之与华光仲仁的不同，他在题《华光梅》说："补之画梅花尤宜巨轴，华光则不然，直以矮纸稀笔作半枝数朵，而尽画梅之能事。"

刘克庄首先从画幅的大小来说明两人的不同。华光画梅用纸比较小，往往只画二三横枝，不画全树；而

〔宋〕扬补之《四梅图》(局部)

扬补之则画全树，作巨轴。这一点，陆游在《渭南集·题施武子所藏扬补之梅》中也说道："补之写生梅，至简亦半树。"

从"华光……稀笔作半枝数朵，而尽画梅之能事"看，华光作画更像黄庭坚所说的"墨戏"。宋代陈瓘《华光仁禅师以墨戏见寄，以小诗致谢》云："禅心已出包区宇，墨海翻腾作雪梅。三昧笔端俱戏事，定余幽室暗香来。"宋代华镇《云溪居士集·南岩僧仲仁墨画梅花》也说："戏弄柔毫移白黑。"宋代姜特立《李仲永墨梅》云："华光道人执天机，信手扫出孤山姿。"从这些诗句可以看出，华光画梅更多的是"信手扫出"、天机流露、游戏三

昧。正是由于华光以“墨戏”画梅，所以他的画幅较小。若是巨轴大幅，则需要经营位置，整体把握，技法也相对要求较高。赵孟坚《里中康节庵画墨梅求诗因述本末以示之》言：“逃禅祖华光，得其韵度之清丽。闲庵绍逃禅，得其潇散之布置。”这是说：扬补之从华光那儿领悟到墨梅的清丽之韵度；闲庵（汤正仲）从扬补之那儿领悟到墨梅的潇洒之布置。由此可见扬补之重视墨梅的布置。刘克庄说“补之画梅花尤宜巨轴”，由“尤宜”两字看，扬补之画梅的技法应该有所突破。这可能就是赵希鹄认为“扬补之……下笔便胜华光仲仁”的原因所在吧！

赵希鹄在分析扬补之为什么胜过华光时说：“扬补之学欧阳率更楷书，殆所逼真，以其笔画劲利故。以之作纸梅，下笔便胜华光仲仁。”赵希鹄认为扬补之的书法笔画劲利，以如此劲利之笔来画梅，故而他的墨梅便非同凡响。扬补之对自己的书法很自矜，认为自己为欧阳询的入室弟子，而且是“上足”。宋代董史《皇宋书录》说扬补之：“学率更，小变其体。江西碑碣多其所书，……余家

〔宋〕扬补之《四梅图》(局部)

〔宋〕扬补之《四梅图》(局部)

率更邕禅师塔铭刻后有其亲题云:'余于率更为入室上足。'小楷殊倩劲可爱。"至于扬补之的墨梅是否就胜过华光,这是仁者见仁、智者见智的问题,但有一点可以明确:即扬补之在很大程度上发展了墨梅的技法。这一点可以从范成大的一段话中得到证明。范成大《梅谱》言:

> 梅以韵胜,以格高,故以横斜疏瘦与老枝怪奇者为贵。其新接稚木,一岁抽嫩枝,直上或三四尺如酴醾、蔷薇辈者,吴下谓之气条。此直宜取实规利,无所谓韵与格矣。又有一种粪壤力胜者,于条上茁短横枝,状如棘针,花密缀之,亦非高品。近世始画墨梅。江西有扬补之者,尤有名。其徒仿之者实繁。观扬氏画大略皆气条耳。虽笔法奇峭,去梅实远。惟廉宣仲所作差有风致,世鲜有评之者,余故附之谱后。

范氏贬低的"气条"便是园艺学上所说的"徒长板",短横枝则是结果枝中的"短果枝",状如棘针的是短果枝中的"针枝"。在范成大看来,这些嫩枝气条不具备横斜疏瘦、老枝怪奇之韵,不算高品,以它们作为题材的墨梅是无意义的。而扬补之所作的墨梅恰恰布满

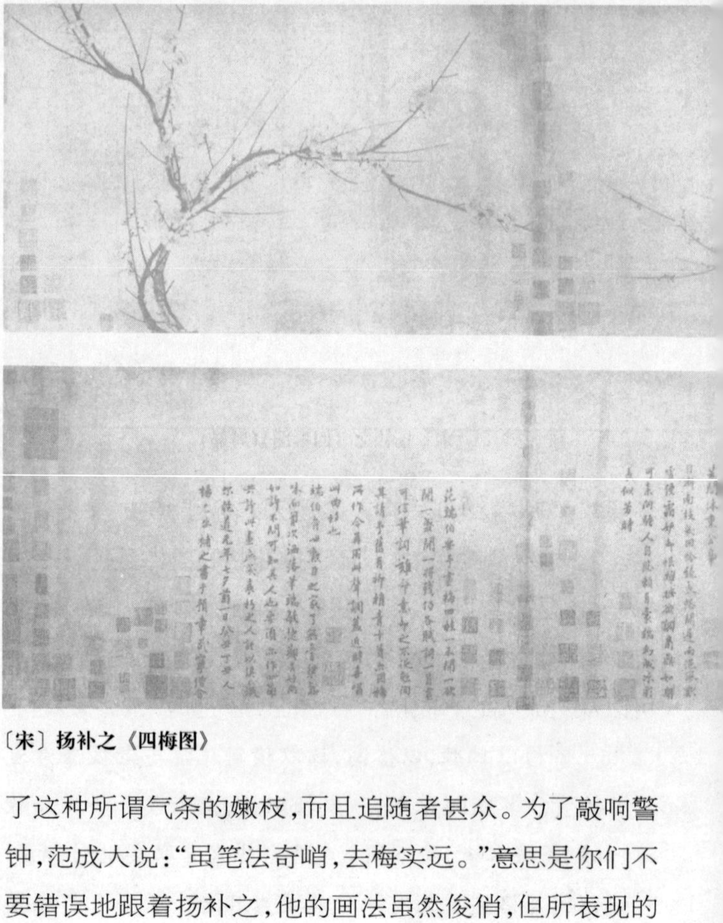

〔宋〕扬补之《四梅图》

了这种所谓气条的嫩枝，而且追随者甚众。为了敲响警钟，范成大说：“虽笔法奇峭，去梅实远。”意思是你们不要错误地跟着扬补之，他的画法虽然俊俏，但所表现的梅格调不高。范成大向学墨梅者介绍了另一位老师：廉宣仲。

从范成大的话中我们可以明确一点，即扬补之的嫩枝画法是一大创新，而且学者甚众。联想到赵希鹄的评论以及王恽《秋涧集·跋杨补之墨梅后》所说的“华光梅，在前宋为第一赏之者。至有买船来往之语，及补之一出，变苦硬为秀润”，可见扬补之的嫩枝具有“秀润”、“劲利”的特点；它也可以画得很修长，很有风致。这一点从现藏北京故宫博物院的扬补之纸本《四梅花图》中

〔宋〕扬补之《四梅图》

可以得到证明。徐书城先生在《扬补之和四梅花图》一文中说："这幅《四梅花图》……纯以水墨绘成，花朵是白描圈线，不加晕染；用笔轻快洗炼，毫不拘板；新枝都是一笔写成的劲直线条，极为挺秀；粗干则用所谓'飞白'笔法。湿笔复加干皴，虚实相间，线条和墨色的变化丰富多样；整个画面确是呈现出一种匀协恬静、清淡闲野的气氛。"

飞白是一种特殊的书体，相传为东汉的蔡邕从泥瓦匠用刷子蘸白粉往宫门上写字受到启发而始创。宋代黄伯思《东观余论》进一步解释道："盖取其若丝发处谓之白，其势飞举谓之飞。"梅树老干的表皮上有无数的龟裂，"飞白"笔法正好能够传神地再现老干的表皮。

那么,用“飞白”笔法画梅树的老干是扬补之的创举吗?答案是否定的。第一,宋代没有人谈及此事。第二,宋代米芾《画史》记载:“江南陈常,以飞白笔作树石,有清逸意。”说明在扬补之以前就有人以飞白笔作树石。第三,从范成大的话中可以听出范氏对扬氏画中多嫩枝气条少老干龟裂而感到惋惜。反之,范成大所推崇的廉宣仲应该精于此道。宋代邓椿《画继》云:“廉布,字宣仲,山阳人。妙年登科,官至武学博士。……山水林石种种飘逸,师东坡几于升堂也。”元代汤垕《画鉴》云:“廉布字宣仲。画枯木丛竹奇石,清致不俗。本学东坡,青出于蓝。”廉宣仲学东坡青出于蓝,可见他是精于作老干龟裂。

因此,扬补之的墨梅技法创新就在于以书法劲利的线条表现梅花的嫩枝气条。但是,凡是以水墨作梅花者,无不是以墨线再现梅枝的,何以扬补之的嫩枝画法就是一大创新呢?

〔宋〕扬补之《墨梅图》

首先，扬补之所画的梅枝具有书法的内在美。从《四梅花图》可以看出，扬补之将“秀润”、“劲利”的嫩枝与“干裂”、“苍劲”的飞白笔法巧妙地融合在一起，使得画面本身就呈现出浓淡相间、虚实相应的笔法美。这样就使墨梅本身的形式美成为欣赏对象，从而降低了墨梅对梅文化的依赖。比如华光的墨梅之所以得到苏轼、秦观、黄庭坚、刘克庄的普遍称赞，主要在于他的墨梅

〔清〕李方膺《墨梅册》

中融入了梅的文化积淀，能够勾起欣赏者的无限情思。这当然需要很高的技巧，但是相对来说，在华光的画中，技巧是居于第二位的。在题华光的诗中，经常会有“横斜影”、“处士诗”之类的话，很少有具体笔法的评价；而称赞扬补之则多从技法角度来写，如范德机《题扬补之墨梅》：“学到逃禅自一家，洗空尘墨印江沙。笔端不有兰亭骨，莫写园林雪后花。”许纶《题潘德久所藏扬补之竹梅》：“竹弟梅兄已可人，老扬笔力更精神。”徐梅野《题余岂潜所藏杨补之梅》：“画工勘破其魂骨，而后笔法能意足，意足而后不求颜色似矣。”

其次，扬补之将现实中的梅枝与书法的线条对应起来，比如嫩枝用秀润圆劲的书法线条表现，老干用苍劲的飞白线条来表现，甚至花蒂、花蕊，扬补之在表现时都有细致的区分。对于欣赏者来说，他们能够从扬补之的墨梅中认出现实中的哪种梅，比如范成大所说的"观扬氏画大略皆气条耳"以及宋徽宗所谓的"村梅"。对于扬补之的追随者来说，他们从扬氏那里得到画墨梅的程式。赵孟坚《里中康节庵画墨梅求诗因述本末以示之》："逃禅祖华光，得其韵度之清丽。闲庵绍逃禅，得其萧散之布置。回视玉面而鼠须，已见工夫较精致。双枝倒作鹿角曲，生意由来端若尔。所传正统谅未绝，舍此的传皆伪耳。"《康子领此诗又有许梅谷者仍求又赋长律》："浓写花枝淡写梢，鳞皴老干墨微焦。笔头三踢攒成瓣，珠晕一团工点椒。糁缀蜂须凝笑靥，稳拖鼠尾施长条。……从头总是扬汤法，拚下工夫岂一朝。"赵氏前一首诗讲扬补之祖华光，扬氏不仅有华光之韵又有潇洒之布置，而且从华光到扬补之再到闲庵即汤正仲才是"所传正统"，"舍此皆伪"。第二首诗前面都是讲墨梅技法，最后概括说："从头总是扬汤法。"从赵孟坚的诗中可以看出，扬补之建立了一套行之有效的技法程式。这种技法程式就是梅谱的滥觞。现今所见之梅谱，均出自《华光梅谱》。俞建华《华光梅谱·按语》云："此书若必认为仲仁亲手所著，自多谬戾，若定为补之所作，而托始于仲仁，则并无可议。或者此种口诀即由华光寺僧所传而补之记之。补之有所疑，而华光寺僧就闻以解之。"较为保守的意见是：《华光梅谱》是扬门子弟对华光、扬补之以及汤正仲等的技法总结。其中扬补之的贡献是最大的。

扬补之的技法探索为后世带来便利的同时也附带着桎梏。这一点赵孟坚当时就意识到了，他说："试欲自由，又愆法度。及守绳规，龌龊无取。"愆是丧失的意思。吴镇云："墨戏之作盖士大夫词翰之余适，一时之兴趣，与夫评画之流大有寥廓。写梅与竹，自石室先生、华光大士发扬妙用，时所宗尚者众。独逃禅老人变墨为白，自成一家。后人虽云祖述，巧以形似，流连忘返，渐近评画。写生务求逼真，尝睹陈简斋墨梅诗云：意足不求颜色似，前身相马九方皋。此真知画者也。"吴镇在这里称赞了扬补之突出的贡献与崇高的地位，也批评了自称祖述扬补之的末流画家只会按图索骥，不知只有以己之神捕获物之神者才是真画者。徐渭便大声疾呼："从来不见梅花谱，信手拈来自有神。"然而徐渭的叛逆是建立在墨梅程式高度成熟的基础之上的。

〔明〕徐渭《芭蕉梅花图》

第三节　赵孟坚

赵孟坚，字子固，号彝斋，宋太祖十一世孙，以宗室子登进士。好学工书，喜藏名迹，时人比之米芾。赵孟坚乘船出去远游时，必定将自己心爱的宝玩随身携带，船上只留一席之地作为休息的场所，自己可以方便地随意左右取之，抚摩吟诵至忘寝食。一次，周密等人邀请赵孟坚游玩西湖，各人带着自己的收藏品，在船上相与评赏。傍晚时分，只听赵孟坚指着远处的林麓叫道："此真洪谷子、董北苑得意笔也。"这种如痴如醉的神情，众人直称他为"谪仙人"。还有一次，赵孟坚从俞寿翁处以善价购得五字不损本《兰亭序》，高兴极了。但是在乘船回家的路上，风起船覆。幸好水不深，赵孟坚站在浅水中，高举着《兰亭序》说："兰亭在此，余不足介意也。"回到家，他在帖前题道："性命可轻，至宝是保。"赵孟坚的墨兰最妙，其叶如铁花茎；他也善作梅、竹。墨梅得扬补之的真谛。他的堂弟赵孟淳记："予幼年侍彝斋兄游，见

〔宋〕赵孟坚《墨兰图》

其得逃禅小轴及闲庵横卷，卷舒坐卧未尝去手，是以尽得扬汤之妙。先兄好学耽书。每作一事不造其精处则不已也。”

赵孟坚现存两幅《岁寒三友图》，将松、竹、梅画在一起。一是椭圆形扇面，上海博物馆藏；一是长方形的

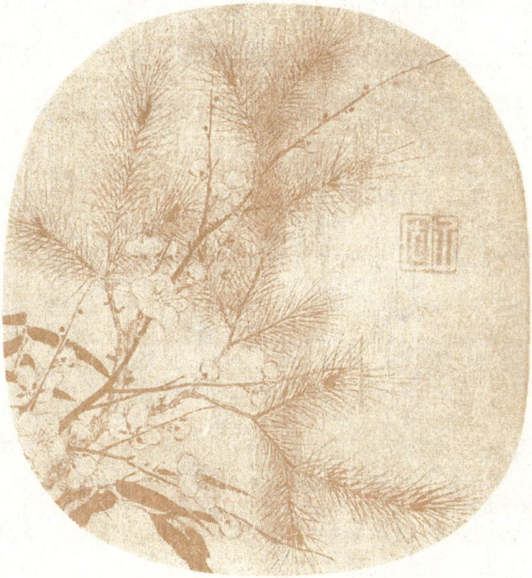

〔宋〕赵孟坚《岁寒三友图》

纸片，台北故宫博物院藏。均无名款，唯有印章。画家以淡墨画松针作为背景，松针用笔尖挺劲拔；以秀润、劲利的书法线条画梅枝作为主体结构，梅枝上点缀以不同方向、不同形状的花朵与苞蕾；又以浓墨阔笔画竹叶穿插点缀。整幅图亦工亦写，笔法丰富，笔墨清新，充满韵致，是幅极具精神的南宋小品。扬补之也精于画“岁寒三友”，宋代楼钥《题扬补之画》云：“梅花屡见笔如神，松竹宁知更逼真。百卉千花皆面友，岁寒只见此三人。”

最早把松、竹、梅连在一起赞美的是唐代朱庆余的《早梅》：

天然根性异，万物尽难陪。
自古承春早，严冬斗雪开。
艳寒宜雨露，香冷隔尘埃。
堪把依松竹，良涂一处栽。

但是“岁寒三友”说正式出现是在南宋时期。所谓三友者，一是以松、竹、梅为人之友。《论语》云：“益者三友，损者三友。友直，友谅，友多闻，益矣。友便辟，友善柔，友便佞，损矣。”“友直，友谅，友多闻，益突”，是说正

〔宋〕赵孟坚《岁寒三友图》

直坦荡刚正不阿的朋友、宽容的朋友、见识博远的朋友是对我们有帮助的朋友，是我们要交的朋友。每个人对于交朋友都有自己的选择，元结在《丐论》里说：“古人乡无君子，则与云山为友；里无君子，则与松竹为友；座无君子，则于琴酒为友。”陆游以梅、月、藤杖为“三友”，说：“江上梅花吐，山头霜月明。摩挲古藤杖，三友可同盟。”而在我们的传统文化中，则以松、竹、梅为三友。松取其岁寒后凋，竹取其四时碧色不改，梅取其凌寒斗开。总之，在它们身上，寄托了独立不迁、坚贞不屈的君

子品德。岁寒三友的联袂组合,成为后世士大夫喻志写意常用的审美符号。画家则更多地以梅、兰、菊、竹为题材作画,称为“四君子画”。

赵孟坚画墨兰、画《岁寒三友图》,应该是有所思、有所寄托吧!在赵孟坚的《水墨双钩水仙长卷》后,蔡一

〔宋〕赵孟坚《水仙图》(局部)

鹗题道:“子固,宋室宗臣。当南风不竞时,众芳摇落者殆尽。其悲愁郁结之心无可与道者,故发而为兰蕙。兰蕙草中之芳,其托兴与三闾,比世不知者,仅以善画称子固。子固是图盖有骚经之遗意在。”

赵孟坚曾作《里中康节庵画墨梅求诗因述本末以示之》,诗云:

逃禅祖华光,得其韵度之清丽。
闲庵绍逃禅,得其萧散之布置。
回视玉面而鼠须,已见工夫较精致。
双枝倒作鹿角曲,生意由来端若尔。
所传正统谅未绝,舍此的传皆伪耳。
僧定花工枝则粗,梦良意到花则未。
女中却有鲍夫人,能守师绳不轻坠。
可怜闻名不识面,云有江南毕公济。

季衡粗丑恶拙祖，弊到雪篷滥觞矣。
所恨二王无臣法，多少东邻拟西子。
是中有趣岂不传，要以眼力求其旨。
踢须正七萼则三，点眼名椒梢鼠尾。
枝分三叠墨浓淡，萮有正背多般蕊。
夫君固已悟筌蹄，重说偈言吾亦赘。
谁家屏障得君画，更以吾诗跋其底。

在这首诗中，赵孟坚肯定了华光、扬补之、汤正仲的墨梅艺术，认为他们的画有“生意”，而且他们是学习墨梅者所要宗奉的唯一正脉。向他们学习的人很多，但是并非人人都能达到一定的境界。如鲍夫人能守师绳不轻坠；僧定能做到花瓣功夫到家，而梅枝粗糙；梦良的墨梅有生意，可惜花瓣有点欠缺；而季衡、雪篷则放肆不守法度；还有很多人或以己意为之，全无法度，或只知摹写其

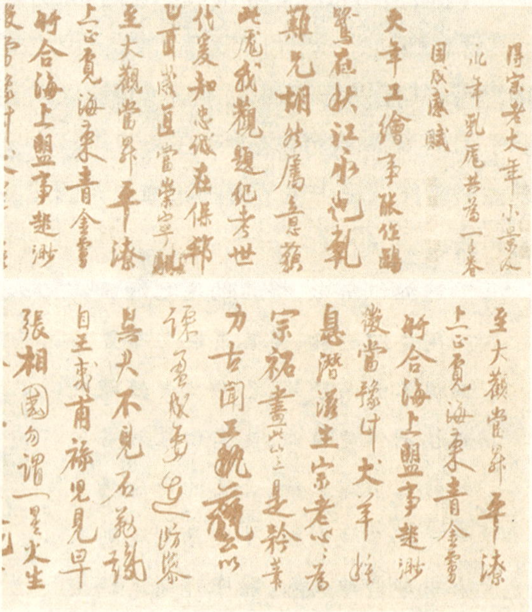

〔宋〕赵孟坚书法

形，东施效颦；鲍夫人能守师绳不轻坠，而江南毕公济只闻其名尚未识面。为什么会这样呢？赵孟坚认为墨梅之中有奥秘，但是这个奥秘大家都知道，只不过是“踢须正七萼则三，点眼名椒梢鼠尾。枝分三叠墨浓淡，蓊有正背多般蕊”等等一些人皆知之的梅谱常识。然而要想在这奥秘中再获得奥秘，就要别具慧眼，自己具备悟性，而且要下死功夫。在这首诗之后，赵孟坚又写了一首诗作为补充，所补充的只有一句即“从头总是扬汤法，拼下工夫岂一朝”，就是要下死功夫。其余的诗句都是讲一些梅谱常识。联想到赵孟淳所说的“彝斋兄……每作一事不造其精处则不已也”以及“性命可轻，至宝是保”的壮举，可以确定这是赵孟坚的实践心得、甘苦之言。

第四节　王冕

王冕，字元章，号煮石山农、饭牛翁、会稽外史、梅花屋主等。诸暨人。元代著名画家、诗人。王冕幼而好学，然而家境一般，其父不让就学。于是王冕白天趁放牛之际到学舍旁听，晚上就到旁边的寺庙里映着长明灯读书。有一次，牛走丢了，王冕被父亲痛打一顿，但是仍然像往常一样读书学习。父母也就渐渐地不逼他了，正好会稽的大儒韩性表示愿意收王冕为学生，于是王冕就跟随韩性学习。韩性死后，其余的学生就以王冕为师。

王冕是个胸怀大志、热衷于功名事业之人。他曾专心研究兵法，学习击剑，自比诸葛亮，“草堂欲作梅花梦，忽忆南阳有卧龙”，“近来草庐无卧龙，世上英雄君莫问”等。宋濂为之作传，言：冕状貌魁伟，美须髯，磊落有大

〔元〕王冕《墨梅图》

志。不得少试以死,君子惜之。王冕曾参加过进士考试,没有考中,于是就放弃了科举道路,过起隐士的生活。他在《自感》中说:“长大怀刚肠,明学循良图。石画决自必,不以迂腐拘。愿秉忠义心,致君尚唐虞。欲使天下民,还淳洗嚚虚。声施勒金石,以显父母誉。此志竟萧条,衣冠混泥涂。蹭蹬三十秋,靡靡如蠹鱼。归耕无寸田,归牧无寸刍。羁逆泛萍梗,望云空叹吁。”李孝光、泰哈布哈想荐举王冕做官,但王冕预料到天下将乱,力辞不就,南回故乡,并说:“我有田可耕,有书可读,奈何朝夕抱案立于庭下,以供奴役之使!”于是在会稽九里山种梅千棵,筑茅庐三间,题为“梅花屋”,自号梅花屋主,弹琴赋诗,饮酒长啸。朱元璋平定婺州,屯兵九里山,闻王冕大名,想授以谘议参军,但王冕未来得及上任就去世了。

王冕欲建伊、吕、孔明功业的理想在现实的政治生活中化为泡影,但是这种理想在墨梅王国中得到了实

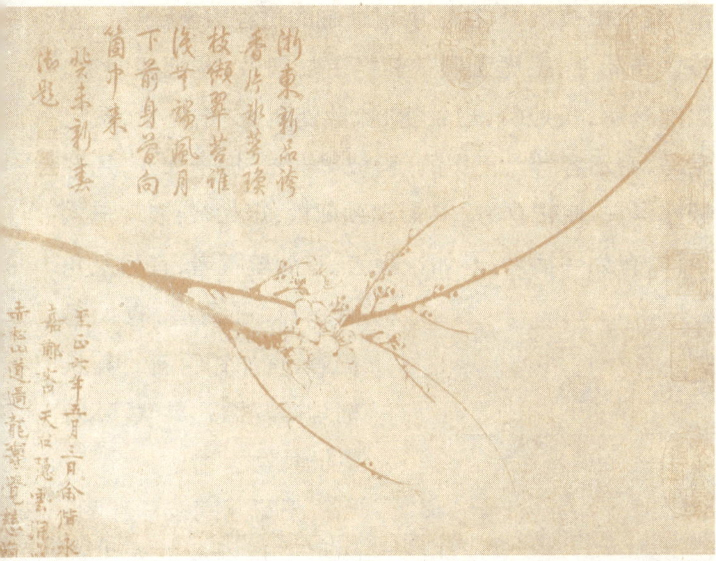

〔元〕王冕《墨梅图》

现。在墨梅的历史上，王冕是继华光、扬补之之后公认的集大成的画家。清代赵兰舟说：“扬补之、王元章为癯仙，尽洗铅华，别开生面，华光老人又为写影传神，画梅之能事毕矣。”王冕祖述华光与扬补之，他既得华光墨戏三昧、清丽之韵度，又得扬补之遒劲笔法、潇洒之布置，而且又能自出胸臆，有所创新。

扬补之向世人展示了墨梅枝条的书法美，他将书法线条的韵律美注入墨梅领域，同时使之成为规定。王冕对此下过苦功夫，千锤百炼。王冕所画墨梅的枝干笔力遒劲，形神兼备，一气呵成。清朝何瑗王《题王元章墨梅》诗云：“山农笔力劲如铁，中有窈窕姿倾城。清标信有烟霞骨，补之而后存典型。”对比王冕的《墨梅图》与扬补之的《四梅花图》，可以发现王冕的枝条画法偏向妩媚，有风致；扬补之的枝条画法偏向劲利，更古朴。而且，在王冕的一幅画中，所有枝条的粗细规格层次丰富，在一根枝条中，往往由粗渐细的过程自然流畅。在整体布局上，王冕无疑裁剪得更加精致，能把握虚实，层次分明，长处疏，短处密，疏散处疏，交错处密，疏可走马，密不容针。王冕的《南枝早春图》梅干如龙，用笔顿挫得宜，使转有方。其短梢劲似铁，短如戟；表现形态多样，有如斗柄者，有如铁鞭者，有如鹤膝者，有如龙角者，有如鹿角者，有如弓梢者，有如钓竿者。其长梢劲挺妩媚，灵气飞动，生机勃勃。

〔元〕王冕《南枝春早图》

王冕《南枝早春图》的另一特别之处在于他把无数的花画进画面，千蕊万朵，含笑盈枝，这种美丽而又密集的梅花画面效果被形容为“万玉”。这种万玉的画法是王冕发其端的。元代夏文彦《图绘宝鉴》道：“王冕善画墨梅，万蕊千花，自成一家。”明代孙作《书吴中桂墨梅卷后》道：“近世会稽王元章出新意，作繁花，殊有思致。盖花多则似李，故尤难工。”清代朱方霭《画梅题记》说：“宋人画梅，大都疏枝浅蕊，至元煮石山农始易以繁

〔元〕王冕《墨梅图》

花，千丛万簇，倍觉风神绰约，珠胎隐现，为此花别开生面。”疏枝给人以疏朗清瘦的审美追求，密蕊令人倍觉风姿绰约。王冕同样赞赏疏枝，其《梅花》诗说：“疏枝错落花灿烂，正似推篷溪上看。”

在画花瓣上，王冕也有所发挥。乾隆《王冕墨梅》诗云：“钩圈略异扬家法。”扬补之圈花如赵孟坚所说的“笔头三踢攒成瓣”，以一笔三顿挫画之。扬补之画一个圈即花瓣往往分三笔完成，态度严谨。王冕则改为一笔二顿挫。王冕画一个圈即花瓣往往以两笔完成，但是态度也很严谨。明代魏成宪《百梅集·墨梅题跋》诗云：“山农作画同作书，花瓣圈来铁线如。真个匆匆不潦草，墨痕浓淡点椒除。”指出王冕圈花如写铁线篆，而且不潦草。后世画家如陈继儒、金农、吴昌硕等或一笔或两笔，往往比较随意。

为了表现梅花的高洁，王冕《南枝早春图》采用了

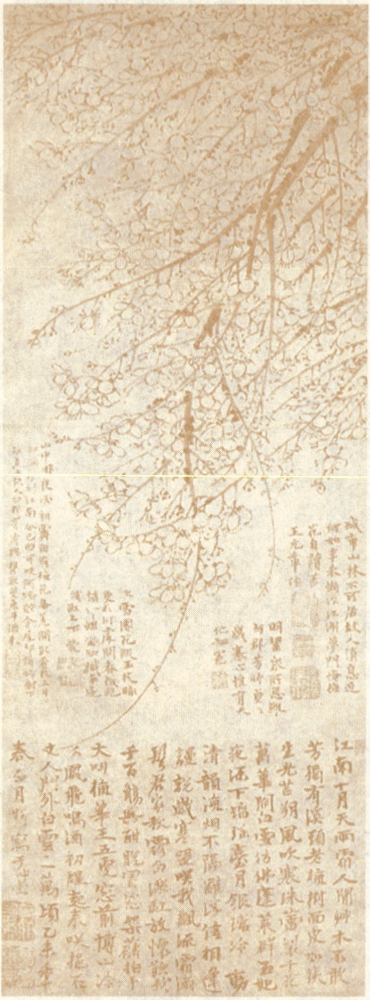

〔元〕王冕《墨梅图》

深染背景的倒晕手法。整幅画中，枝条最黑，花瓣次之，背景又次之，唯花素白。一朵朵梅花遥看就像是夜明珠，玲珑可爱。朱熹《跋汤君墨梅》："故汤君始出新意，为倒晕素质以反之。……汤君自云得其舅氏杨补之遗法，其小异处则又有所受也。"可知，倒晕手法始于扬补之，汤正仲运用较多，而且有所发展。

王冕除了用圈花法画花瓣外，还以没骨法画花瓣，如《墨梅图》。以没骨法画花瓣始于华光。扬补之的没骨法就是以淡墨细心地画圆，在墨将干未干时在花瓣的边缘点一下浓墨，形成了纵深的立体感。后来，明代的陈继儒也喜爱用没骨法，但陈继儒更加倾向于写意，他径直以笔触随意点苔，变成三角形也无妨，只注重大致形状与笔触的韵味。另外，据说王冕曾用胭脂画没骨梅花，对后世甚有影响。

元代夏文彦《图绘宝鉴》说："王冕凡画成，必题诗其上。"那时在画上题诗已不是新鲜事了，但是王冕题诗还是需要大书一笔。王冕《梅谱·述梅妙理》云：

写梅作诗其来一也。名之虽异，意趣实同。古人以画为无声诗，诗乃有声画。是以画之得意，犹诗之得句，有喜乐忧愁而得之者，有感慨愤怒而得之者，此皆出一时之兴耳。画有十三科，梅独不在其列，所以喜乐而得之者则枝疏而槁，花惨而寒；感慨而得之者，枝曲而劲，花逸而迈；愤怒而得之者，枝古而怪，花狂而大。此岂与众画类耶？有'意懒山无色，心忙水不清'之句，凡欲作画，须寄心物外，意在笔先。正所谓有诸内必形于外矣。

王冕的画有诗意，王冕的诗含画意，而最重要的是他的诗让人激赏不已。《四库提要·竹斋集》云："冕天才纵逸，其诗多排奡遒劲之气，不可拘以常格。然高视阔步，落落独行，无杨维桢等诡俊、纤仄之习。在元明之间，要为作者。"

故宫博物院藏王冕《墨梅图》题画诗云：

吾家洗研池头树，个个华开澹墨痕。
不要人夸好颜色，只流清气满乾坤。

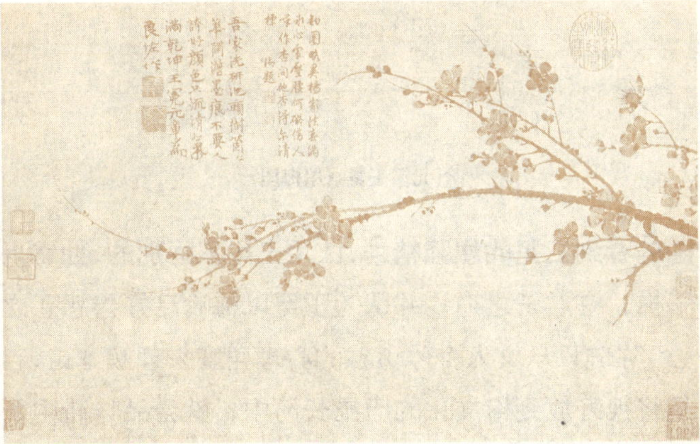

〔元〕王冕《墨梅图》

明代陈琏于王冕《雪梅图》后作跋云：

右王先生元章墨梅一卷。世传先生写梅甚得其意者，必自题一诗于上，恐人以伪乱之也。夫状物之妙，声之则为诗，形之则为画。天地之物生生而不穷，既去而莫留也，人能出其心手之妙，逐其形声而强留之，故善状物者谓之夺化工，以其不待春而荣，不随秋而落也。而元章之意则又有异于此。其诗曰：不要人夸好颜色，只留清气满乾坤。盖离骚以荃蕙为君子，蒿艾为小人，彼岂有君子小人哉，亦托物以喻其好善恶恶之心耳。况梅之为物有岁寒之节，有调鼎之味，其色纯而白，其香清而远，又诚有君子之道焉，故元章不写他物，而独寄兴于梅，其趣远矣。元章于梅所谓超神入圣者。

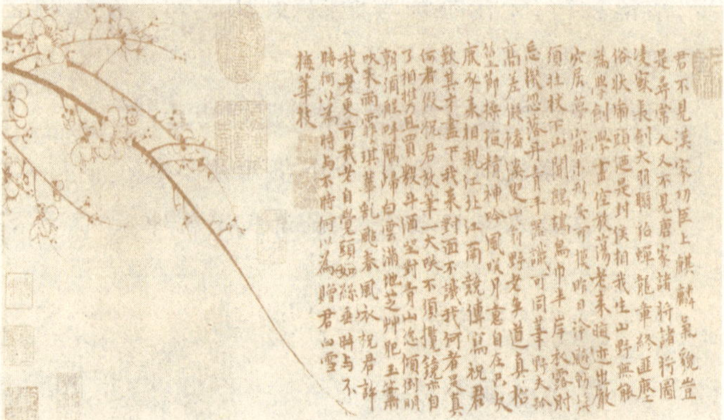

〔元〕王冕《墨梅图》

陈琏看到王冕的屈骚精神，认为王冕不画别的，独寄兴于梅，有君子之道；并认为王冕以梅喻己好善恶恶之心。陈琏只从文人个体贞独的心理角度来理解本诗，若是将视野放到梅文化的历史长河中，就会品味诗中所流露的是正气弥漫的儒家精神。王冕虽为隐士，但是他

〔元〕王冕《南枝早春图》

的诗歌时而流露出“忠君爱民之情，去恶拔邪之志”。这句话见于刘基为王冕《竹斋诗集》所作的序言。他说：“元章所为诗，盖直而不绞，质而不俚，豪而不诞，奇而不怪，博而不滥，有忠君爱民之情，去恶拔邪之志，恳恳悃悃见于词意之表，非徒作也。”刘基进而论述道：“诗何为而作邪？《虞书》曰：‘诗言志。’卜子夏曰：‘诗者，志之所之也，上以风化下，下以风刺上。主文而谲谏，言之者无罪，闻之者足以戒。’”这里刘基对王冕的能为民喉舌、大胆申诉人民的苦难表示同情与敬佩。“不要人夸好颜色”透露出不求闻达、甘愿寂寞、事怀贞独、折节自修的梅花精神；“只流清气满乾坤”又透露出生生不息、舍生取义、甘愿奉献、死而后已的梅花精神。它比古人所说的“穷则独善其身，达则兼济天下”还要高明，王冕的梅花精神是无论穷、达都要自强不息、默默奉献的。王冕的诗是传统梅花精神的继承者与缔造者，所以明代沈尧龙称王冕为“君身前是林处士，人间空复数墨王”。

王冕对这首诗也很自矜，常将它题在自己的得意画作上。“只流清气满乾坤”的“流”字他后来改定为“留”,上文陈琏所跋的《雪梅图》作“留”,其《竹斋诗集》也作“留”。留有自己赠留与别人挽留两义。总之,留为有心,流则无意;留下的总是经过抉择的、有用的,流淌的则不一定有用。全望祖《梅花岭记》曰:“……忠义者,圣贤家法,其气浩然,长留天地之间……”也是用“留”字。所以“留”优于“流”,改得有理。王冕值得称道的题画诗还有很多,如台北故宫博物院藏的《南枝早春图》自题:

和靖门前雪作堆,多年积得满身苔。
疏华个个团冰玉,羌笛吹他不下来。

《白梅》:

冰雪林中著此身,不同桃李混芳尘。
忽然一夜清香发,散作乾坤万里香。

第五节 金农

金农寿门,襟怀高旷,目空古人,展其遗墨,另有一种奇古之气,出人意表。使此老取法倪黄,其品诣定不在娄东诸老下,真大家笔墨也。前无古人,后无来者,吾于冬心先生信之矣。

这是秦祖永《桐阴论画》中对金农的评论,后面小注云:“冬心翁,杭州人。年五十余始从事于画,涉笔即古,脱尽画家之习。良由其所见古迹多也。”

在扬州八怪中,金农无疑是最有才气的。金农文采风流,早负诗名,以诗而得以立身扬州。后来他在扬州靠卖文所得不菲:“卖文所得,岁计千金。”但是金农又确乎很穷,在他的画梅题记中经常有“画梅乞米寻常事,那得高流送米至。我竟长饥鹤缺粮,携鹤且抱梅花睡”、“冒寒画得一枝梅,却好邻僧送米来。寄于山中应笑我,我如饥鹤立苍苔”这样的诗句。

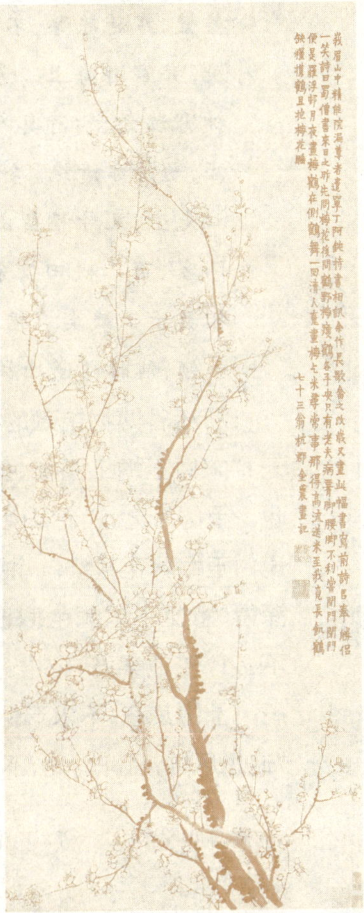
〔清〕金农《墨梅图》

金农的贫穷是由于他天性放纵,抱着“千金散尽还复来”的想法。他经济富裕时游历四方,时常带着三四个或六七个从者,这些从者或能琢砚,或精于画乌丝栏,或工抄书,还有一只小洋狗。在他 60 岁大病三年以后,这些人大都散去了,唯独剩下一个陈彭坚持服侍他。可能由于经济原因,金农开始试着以画谋生,其《冬心先生画竹题记·序》自述:“冬心先生年逾六十,始学画竹。”在《冬心先生画佛题记·序》中,金农说:“予初画竹,以竹为师,继又画江路野梅,不知世有丁野堂,又画东骨利国马之大者,转而画诸佛,时时见于梦寐中。”金农大概是在 64 岁开始以画梅谋生。

《扬州画舫录》说金农:“画竹师竹石,画梅师白玉蟾。”白玉蟾是宋代著名的道士,善画梅。故宫博物院藏金农 75 岁时所作的《寒葩冻萼图》题跋中写道:

宋白玉蟾善画梅,梅枝戌削,几类荆棘,著花甚繁，寒葩冻萼，不知有世上人。玉蟾本姓葛，名长庚，弃家游海上。号海琼子，又号蟾庵、武夷散人、神霄散吏、紫清真人，殆乎仙者也。昔年曾见其小幅，题诗亦清绝。今想象为之，颇多合处。予初号冬心先生，又号稽留山民、曲江外史、昔耶居士、龙梭仙客、百二砚田富翁、心出家庵粥饭僧，可谓遥遥相契于千载矣。惜予客游无定日，在尘埃中羽衣一领，何时得遂冲举也。

浙江省博物馆藏的金农《梅花册十二开·之十二》云："宋白玉蟾工画梅，孤枝小朵，与道士张龙池同一妙也。予仿为之。"金农说自己"昔年曾见其小幅"，然而一说白玉蟾著花甚繁，一说白玉蟾孤枝小朵。显然，金农是深得"意足不求颜色似，前身相马九方皋"的画理的，而不必计较他学谁，像谁。金农自己题画说"石门僧画梅……予仿其意，不求形似也"，"今想象为之，颇多合处"，"追想风格，呵冻写此，不失古貌也"。后世评论家都赞叹

〔清〕金农《梅花图册》

金农的画既有古味又有新意。秦祖永说金农,“另有一种奇古之气……涉笔即古,脱尽画家之习。”《扬州画舫录》说金农:“涉笔即古,脱尽画家之习。花木奇柯异叶,设色非复尘世间所睹,盖意为之。”汪鋆说金农:“书画高古,足以继轨前人,其题画别饶异趣,不落昔贤窠臼。”

秦祖永认为金农能涉笔即古是由于“其所见古迹多也”。诚然,金农不仅见过许多古迹,而且最为关键的是他懂得欣赏,过目不忘。“吴兴众山如青螺……此余题赵承旨《采菱图》之作也”;“太史出彝斋居士水仙横卷,共观竟夕,历今已三十余年矣”;“宋句龙爽,工写山枇杷,为艺林神品。昔年游京师,过王少司空宅见之。近闻已归豪右矣。予追想风格,画于僧窗”;“乾隆元年,过张司寇宅,司寇出观赵王孙墨梅小立幅。冷香清艳,展视撩人,大似予缁尘涴素衣也。”在画梅题记中,金农追忆的有白玉蟾、张龙池、王冕、辛贡、萧太虚、石门僧惠洪、赵孟頫、汤叔雅等人的作品。

〔清〕金农《梅花图册》

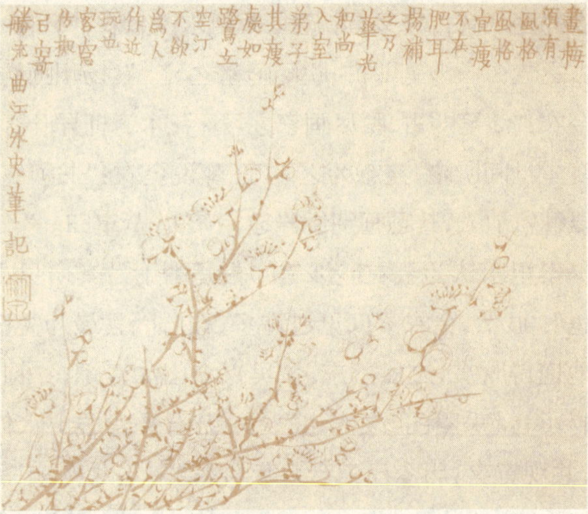

〔清〕金农《墨梅图》

通过对这些大师的作品的梳理、归纳，金农得出“画梅须有风格，风格宜瘦不在肥耳”的结论。所谓的肥瘦部分反映在画迹上，更多的还在于画家的胸次、意境。金农题画梅曰：

老梅愈老愈精神，水店山楼若有人。
清到十分寒满把，始知明月是前身。

雪比精神略瘦些，二三冷朵尚矜夸。
近来老丑无人赏，耻向春风开好花。

砚水生冰墨半干，画梅须画晚来寒。
树无丑态香沾袖，不爱花人莫与看。

东邻满座管弦闹，西舍终朝车马喧。
只有老夫贪午睡，梅花开候不开门。

金农的诗没有王冕“只留清气满乾坤”那种大而化之的儒家精神，但他写出了自己的心境，尤其是这种呼声代表了封建社会晚期独善其身、自得其乐的一般文人的心态。金农在歌颂梅花雪样精神、愈老愈精神、晚来寒、清瘦的同时，也不禁瞄了一眼四周，所以才会有“近来老丑无人赏”、“不爱花人莫与看”、“东邻满座管弦闹”之句。

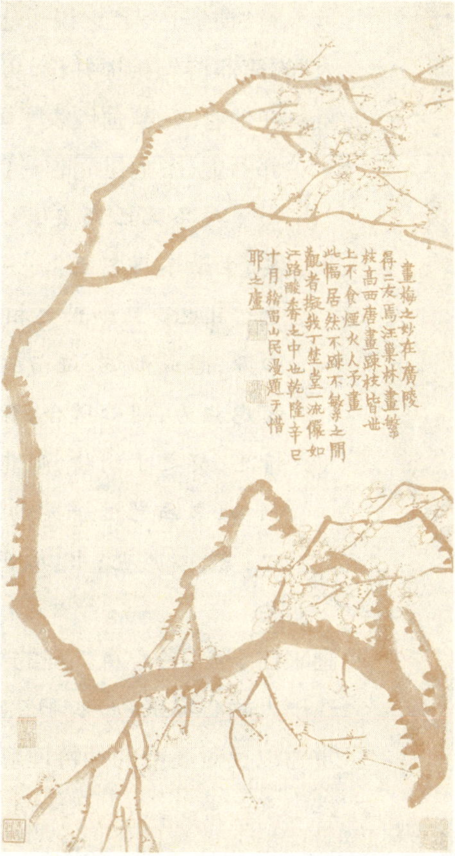

〔清〕金农《梅花图》

金农的题画是评论家赞叹不绝的。梁绍壬在《两般秋雨庵随笔》云：“题画之诗，全要逸趣横生，国朝以金冬心先生为最。”方薰在《山静居论画》中说：“画有可不款题者，惟冬心画不可无题，新辞隽语，妙有风裁。”金农对自己的题画非常自矜，也很在意，自言：“每画毕，必有题记，一触之感。秋雨兀坐，编次成集。”《冬心先生画竹题记》云：“今年六月，予忽而画竹，竹亦不恶，颇为二老叹赏于众公间曰：‘宋李息斋无此题记数行也。’”二老是指许滨与华嵒。李息斋，即李衎，元代墨竹大家，金农这里误记为宋。从“竹亦不恶”看，这幅墨竹的看点就是题记。又，《冬心先生画梅题记》云：“恨不令二老见我横枝满幅，含毫作简斋诗句，一题其上。”简斋诗句是指陈与义的墨梅诗。陈与义因赋墨梅诗而被宋徽宗称赏，世人有“诗能达人”之说。金农将自己的题画与“能达人”的简斋诗句相提并论，可见题画在金农心目中的分量。在他看来，题画代表了画的意境。

郭若虚《图画见闻志·气韵非师》说：

> 人品既已高矣，气韵不得不高；气韵既已高矣，生动不得不至。……系乎得自天机，出于灵府也。且也。且如世之相押字之术，谓之心印，本自心源，想成形迹，迹与心合，是之谓印。爰及万法，缘虑施为，随心所合，皆得名印。矧乎书画发之于情思，契之于绡楮，则非印而何？押字且存诸贵贱祸福，书画岂逃乎气韵高卑？夫画犹书也。扬子曰：言，心声也；书，心画也。声画形，君子小人见矣。

画来自于心，是心意外现的一种“迹”，所以它不得不反映出人的心灵来。金农孑然特立的文采、精到的艺术鉴赏力以及对墨梅的独特理解，必定会在他的画迹中流露出来。

〔清〕八大山人《墨梅图》

从扬补之开始，画梅枝要求修长而圆劲，表现梅枝的质感。《华光梅谱》言："劲梢指天。"赵孟坚诗云："稳拖鼠尾施长条。"明代沈襄《梅谱》云："嫩枝如发箭……体致须要清劲。"王冕《梅谱》说："发枝处急如箭中鹄。……干欲清癯，曲如斗柄，势若屈铁，肥不拥(臃)肿，瘦不枯槁。"我们看扬补之、赵孟坚、王冕的墨梅莫不如此，甚至徐渭、八大山人的墨梅也很重视表现梅枝的质感。八大山人的《梅花图》，尽管只有寥寥几笔，花蕾的画法也全然不像，但是全然中锋，笔力内含；尤其是枝梢末非常微细的芒刺、右边非常短细的飞白补笔，都可以让人感觉到梅枝的劲利。金农则不同。与以上诸家相比，金农的梅枝显得扁平，一根枝梢由根至末往往断断续续，笔尖游移不定，没有扬补之那种由根至末直逼而出的气势。因此，金农的梅枝没有表现出梅枝的质感。典型的比如南京博物馆藏的《玉壶春色图》。金

〔清〕金农《玉壶春色图》

〔清〕金农《红绿梅花图》

农画粗干几乎没有皴擦、飞白，只是平涂或稍加浓淡。因此，与徐渭、八大山人相比，金农的墨梅看起来繁花如簇，好像很写实，其实是最远离物象的。他的墨梅仅仅表现梅的大致轮廓，而且最大程度地削弱了梅枝的质感。

这不是金农的缺点，而是他的特色。在墨梅中，要表现梅枝的质感，往往要求中锋用笔，扬补之、赵孟坚、王冕、徐渭、八大山人等莫不如此。中锋画线条如果把握不住，往往会过于刚猛，流于单调。范成大说扬补之画的是"气条"，讥其无韵，就是中锋用笔时导致线条内敛、两边平滑的缘故。所以他们画粗干时需要较多的步骤去处理，比如迅速行笔留出飞白、皴擦、苔点以表现树干表面的粗糙、沧桑与韵致。用侧锋表现的线条妩媚、柔和，变化多样，但患其无骨，易流于疲软，很难表现梅枝的质感。金农却敢于用侧锋画枝梢。金农是一位极富创造力的书法家。沙孟海先生评述说："他是富于独创精神的，学问也好，无论字或画，都有一种不可掩的逸气在里面。"金农的书法得汉碑之神韵，呈自家之面目。为了表现自己心目中的汉隶神韵，金农加强了侧锋的应用，丰富了侧锋的表现力。因此，金农的梅梢虽然没有梅树刚劲的质感，却有着优雅的韵律。一些普通画家只知遵从梅谱，讲究中锋，但是由于质量不佳，反而让人厌恶，这是画家习气的一种表现。金农别出心裁，用侧锋画枝，线条表现力丰富，因此说他“脱尽画家之习”。另外，金农出入汉碑，其线条表现力明显具有古拙之味，因此会有“奇古之气”这样的评价。

金农的梅枝特地别出心裁，但是他的圈花没有越雷池半步，仍然严格按照赵孟坚所说的去做。有开者、有蓓蕾者、有谢者，正开、背开、俯开、仰开、半开各种花型巧妙搭配，小心画圈，仔细点花须。金农题画云：“宋释氏泽禅师善画梅，尝云：用心四十年才能作花圈少圆耳。元赵子固亦云：浓墨点椒，大是难事。可见古人不苟，败梅秃管岂肯轻易落于纸上耶！予画梅率意为之，每当一圈一点处，深领此语之妙，以示吾弟子也。”金农以花的写实与继承缓解了枝的写意与叛逆。

〔清〕金农《梅花图》

第六节　吴昌硕

19世纪的上海，花鸟画是最热门的画种。鸦片战争后，清政府被迫开放通商口岸，于是位处富庶的长江三角洲的上海成为全国的经济文化中心，其经济优势和太平天国革命的战乱吸引了国内外大量的移民、难民，同时也不断吸引着艺术家们移居上海以谋求较优裕的生活条件和较独立的创作条件。聚集在上海的商人、买办和广大的平民阶层拥有雄厚的经济实力和巨大的消费能力，使得书画成为消费品成为可能，从而使得书画艺术走向市场化。同时，鬻画为生的书画家，在市民文化和商品经济的冲击和改造下，变得职业化，不复有正统书画家的名士风度、超然的画格、诗化的精神和典雅的情韵。职业画家们在供求关系中调整自己的艺术面貌，以满足市民的精神渴求和审美需要。他们的创作题材和内容走向世俗化、实用化，诸如福禄寿喜、吉祥如意之类。于是，民间艺术的某些手法自然地融入他们的绘画创作。民间艺术中鲜艳明快、欢乐喜悦的气氛在花鸟画中得到充分的表达，民间艺术象征寓意的手法在花鸟画中得到更灵活的表现。从青藤、白阳发端的抒写性灵的写意花鸟画至此已经发生了大变化，技法变得更成熟也更放肆，构图越来越程式化。

云集于上海的花鸟画家，师承不同，各有专长，居于主流地位的则是被称为“海派”的群体。“海派”善于把诗、书、画、印一体的文人画传统与民间美术传统结合起来，即将明清大写意的水墨画技艺和民间美术强烈鲜艳的色彩相融合，描写民间喜闻乐见的题材，形成雅俗共赏的新风貌。晚期“海派”则以吴昌硕为巨擘。

吴昌硕(1844~1927)，初名俊、俊卿，字昌硕、仓石，别号缶庐、苦铁、大聋、老苍等。浙江安吉县人。自幼好学不辍，十多岁即酷爱刻印和书法，其父加以指点，初入门径。同治四年(1865)中秀才，之后未再赴试。31 岁以后，移居苏州，来往于江浙之间，阅历代大量金石碑版、玺印、字画，眼界大开。1897 年曾任江苏安东知县，但到任只一个月便辞去，他的常用印“一月安东令”就是指此。从此他厌弃官场生涯，潜心艺术创作。1911 年，吴昌硕定居上海，广收博取，诗、书、画、印并进。晚年的吴昌硕风格突出，篆刻、书法、绘画三艺精绝，声名大振，被公推为艺坛泰斗，与虚谷、蒲华、任伯年齐名为“清末海派四杰”，成为“后海派”艺术的开山代表、近代

〔清〕吴昌硕《风味》

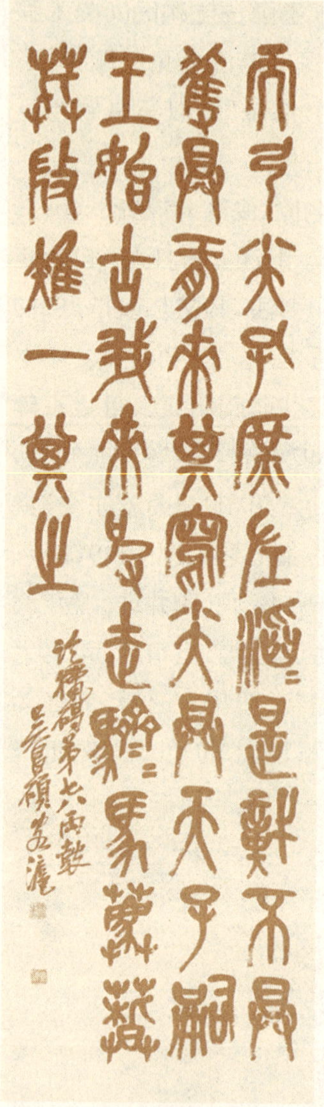

〔清〕吴昌硕《临石鼓文》

中国艺坛承前启后的一代巨匠。

吴昌硕在诗、书、画、印各方面的造诣都很深。他的篆刻融会浙、皖两派，并上取鼎彝，下挹秦汉，创造性地以“出锋钝角”的刻刀，将钱松、吴让之的切、冲两种刀法相结合治印。所以吴昌硕的篆刻作品，能在秀丽处显苍劲，流畅处见厚朴，往往于不经意中见功力。1913年杭州西泠印社正式成立，吴昌硕被推为首任社长。沙孟海在《吴昌硕先生的书法》中说：“篆书最为先生名世绝品。”吴昌硕毕生写《石鼓文》，数十年锲而不舍。60岁以前循规守矩，点画认真；60岁以后境界全新，神满气贯，“随心所欲而不逾矩”。吴昌硕30岁后始作画，近师赵之谦、任颐，上溯沈周、陈淳、徐渭、朱耷、石涛、金农诸家的格法。吴昌硕的画脱胎于书法、篆刻的用笔，浑厚苍劲，笔酣墨畅，处处体现出“奔放处不离开法度，精微处照顾到气魄”，对现代写意花鸟

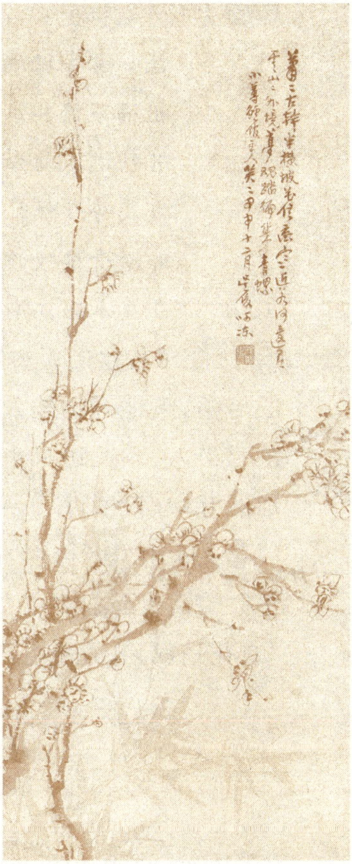

〔清〕吴昌硕《墨梅图》

画的影响很大。

吴昌硕偶作人物、山水，专精花卉，取材梅、竹、松、石、兰、菊、葡萄、紫藤、荷花、水仙、牡丹、葫芦等，但他酷爱画梅，这与他特别钟爱梅花有关。吴昌硕曾在安吉的“芜园”亲手种植了三十多株梅花，待到梅花昂首怒放时，他终日徘徊园中。一年冬天，正值梅花初放之际，园内一横卧在矮墙上的老梅枝条被大雪压折，落在邻居的檐前，吴昌硕发现后痛惜不已。当邻居将那枝夭折的梅枝插在瓦罐中捧来送还时，他心情十分激动，并展纸挥笔，画了一幅老梅，题了一首长诗：“风寒日落春夜深，应有花魂根下哭。淡墨聊当知己泪，貌出全神比长幅。残鳞败甲好护持，莫再人间遭手毒。”爱梅、惜梅之心展露无遗。吴昌硕常以梅花入画，并常在画上题咏梅诗句。在自己的一幅《梅花》画上，吴昌硕题了两首诗。画面左上方题诗云：

梅花铁骨红，旧时种此树。
艳击珊瑚碎，高倚夕阳处。
百匝绕不厌，园涉颇成趣。
太息饥驱人，揖尔出门去。

画面左下方题诗云：

铁如意击珊瑚毁，东风吹作梅花蕊。
艳福茅檐共谁享，匹以盘敦尊罍簋。
苦铁道人梅知己，对花写照是长技。
霞高势逐蛟虬舞，本大力驱出石徙。
昨踏青楼饮眇倡，窃得燕支尽调水。
燕支水酿江南春，那容堂上枫生根。

好个“苦铁道人梅知己”！在中国古代的文人雅士心目中，天地万物与人格是相通的，天地万物以其风韵感染人，人反过来也可以将其拟人化，人之才情与自然万物相互酬答。屈原《离骚》中就以香草喻君子，以蒿艾喻小人。梅因“花中气节最高坚”而位列“四君子”之首，也因之常被文人引为知己。元人景元启叹曰“梅花是我，我是梅花”，陆游曰“何方可化身千亿，一

〔清〕吴昌硕《梅花图》

树梅花一放翁”。吴昌硕俨然是梅的知音、梅的化身。为了永远能与梅花为伴，吴昌硕特意选定十里梅花的余杭超山作为长眠之所，以遂他“安得梅边结茅屋”的宿愿。

吴昌硕的墨梅逐渐远离了自然生态，几乎没有梅花的实物形象了。吴昌硕自言：“我平生得力之处在于能以作书之法作画。”他的梅枝成了纯粹的书法线条，充满了抽象的力量之美，达到了“画气不画形”的境界。花瓣的画法，吴昌硕改变了扬补之、王冕严谨细致的以三笔或两笔画成，而是很随意地以一笔圈成。当然，这一笔凝聚了吴昌硕毕生的篆书功力，含蓄、内敛、敦厚、拙朴、松透，所有相关的形容词都可以用在这一笔上。元代陶宗仪《题画

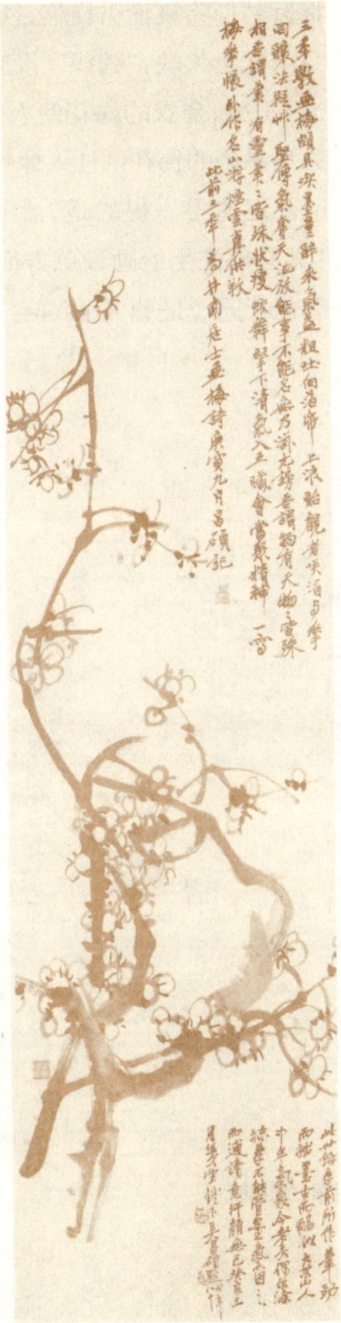

〔清〕吴昌硕《墨梅图》

梅》诗“似将篆籀纵横笔，铁线圈成个个花”用在吴昌硕身上犹觉欠缺，“铁线”没有松透的含义。如果说扬补之、王冕、金农的梅花使人置身于清幽秀媚的氛围，那么吴昌硕的梅花则让人体味到坚韧执着的气节。

还值得一提的是，潘天寿《回忆吴昌硕先生》云：“吴昌硕先生绘画设色方面能打开古人的旧套。最显著的例子，是喜用西洋红。再说西洋红的红色，深红而能古厚，可以配合先生古厚朴茂的风格。他大刀阔斧地用大绿大红而能达到古人用色未有的复杂变化，可说是大写意花卉最善于用色的能手。”西洋红是从西方传入的一种透明颜料，吴昌硕用它画梅花，把深重变化的水墨、强劲的笔力与娇丽的色彩结合起来，既古朴又鲜艳，既有文人气息又带民间韵味，因而雅俗共赏，受到以上海为中心的人士的欢迎。

〔清〕吴昌硕《红梅图》

第四章　赏　梅

灵峰赏梅

第一节 雅士赏梅之梅妻鹤子

宋人吴锡畴《题林逋墓》诗句言道:“清风千载梅花共,说著梅花定说君。”一提及梅花,就会让人想到以梅为妻的林逋。古人多尊林逋为梅花神,清人俞樾汇总前人的种种说法,认为尊林逋为梅花神是顺理成章的。然而考虑到南朝时代的何逊也爱梅成癖,又早林逋几百年,所以希望林逋的梅花神之位能让于何逊。

〔清〕李方膺《墨梅图》

俞樾《春在堂全书·曲园杂纂》云:

正月梅花:何逊。按,梅花为林处士所专久矣。原议以处士为梅花之神,允符公议。然考梁何逊作扬州法曹,廨舍有梅一株,逊常吟咏其下。后居洛,思之,再请其任。抵扬州,花方盛开,逊对树彷徨,终日不能去。然则爱梅成癖,首推此公。杜诗云:“东阁官梅动诗兴,还如何逊在扬州。”唐以前言梅花事所艳称者,固无如何水部矣。宋赵蕃诗云:“梅从何逊骤知名。”孤山处士尚其后辈，以俎豆让之，或亦首肯。

林逋，字君复，杭州钱塘(今浙江杭州)人。少年时家境贫寒，父母早亡，但勤奋好学。林逋性情恬淡，有颜回之志，衣食不足也自得其乐，游历江湖数年后，最终隐居于西湖孤山。在孤山，林逋种了三百六十多株梅树。与衣食无愁的士大夫不同，林逋种梅并非仅仅为了观赏，他种梅的首要目的是出售梅子作为日常的生活之资。他将卖梅子所得到的钱分成365包，存放在瓶子里，每天随取一包，作为当日的生活费用。林逋还喜欢养鹤，他养的鹤很有灵性。当林逋在西湖泛舟游玩时，如果有客人来访，则家童先接待伺茶入座，然后放鹤通知林逋。林逋与客人在饮酒吟诗的时候，鹤则在旁边鸣声起舞，为他们助兴。后人将这美称为“梅妻鹤子”。明朝的袁中郎羡慕地说：“孤山处士，妻梅子鹤，是世间第一便宜人。”

〔清〕《林逋梅妻鹤子》(版画)

林逋隐居孤山，“二十年足不及城市”，但声名远播。远在京城的宋真宗亦闻其名，曾赐予林逋一些粮食与布匹，并且让地方长官在逢年过节时去问候他。林逋去世后，地方官上报朝廷，仁宗皇帝叹息不已，破例地赐予林逋谥号曰“和靖先生”。当年，林逋在游历江湖时与李谘结识，很看重李谘，认为他有才干，将来能做一番事业。果然，李谘后来中进士，官至三司使，即国家最高财政大臣。林逋去世时，李谘正好任杭州太守，于是与他的学生一起为林逋守灵七日，并收集林逋的遗著。

苏轼给予林逋很高的评价，他在《书和靖林处士诗后》的诗中说：

吴侬生长湖山曲，呼吸湖光饮山绿。
不论世外隐君子，佣儿贩妇皆冰玉。
先生可是绝俗人，神清骨冷无由俗。
我不识君曾梦见，瞳子了然光可烛。
遗篇妙字处处有，步绕西湖看不足。
诗如东野不言寒，书似西台差少肉。
平生高节已难继，将死微言犹可录。
自言不作封禅书，更肯悲吟白头曲。
我笑吴人不好事，好作祠堂傍修竹。
不然配食水仙王，一盏寒泉荐秋菊。

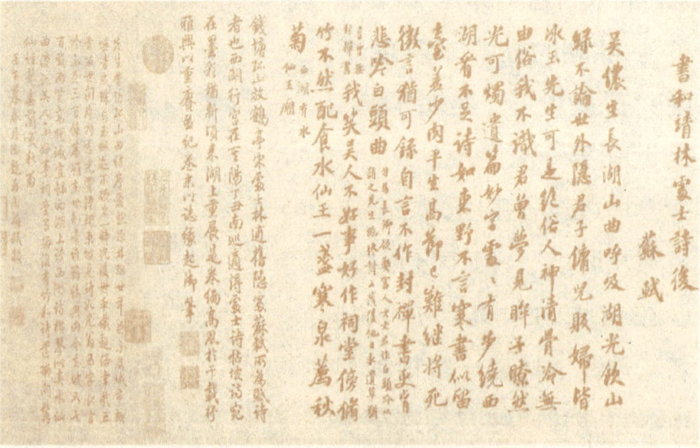

〔宋〕苏轼《书和靖林处士诗后》

诗中的“自言不作封禅书”是指林逋临终时有诗言:“茂陵他日求遗草,犹喜初无封禅书。”茂陵指汉武帝。司马相如病得厉害,武帝派人去他家求取文章,使者到时相如已经死了。相如的妻子献上相如的遗札,就是《封禅文》。《封禅文》颂扬大汉之德,主张汉武帝举行封禅典礼。相如的出发点在于颂扬国家的兴盛强大,体现中央王朝的尊严声威,但是溢美过甚,言过其实。后代许多文人在褒美本朝、粉饰现实时往往仿效它的写法,因此,《封禅文》在历史上起了一些消极作用,所以林逋以自己一生没有阿谀粉饰而庆幸。范仲淹曾经赞美林逋:“巢由不愿仕,尧舜岂遗人。”“风俗因君厚,文章到老醇。”苏轼论文章曾有“郊寒岛瘦”之说,又曾经评论李建中的书法,以为虽可爱终可鄙,虽可鄙终不可弃。这首诗中的“诗如东野不言寒,书似西台差少肉”,是称赞林逋的诗如孟郊而不至于“寒”,书法似李建中而又不嫌于肉,兼有孟、李之所长,而没有孟、李之所短。这句诗也历来被认为是对林逋的诗、书恰如其分的评价。

林逋善行书,书法学李建中,章法学杨凝式。林逋的书法现存三件,其中《自书诗卷》是最为精彩的。黄庭

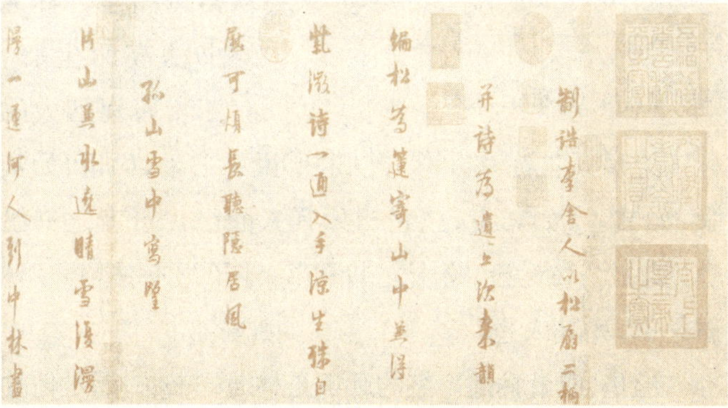

〔宋〕林逋《自书诗卷》(局部)

〔明〕董其昌《林和靖诗意图》

坚注意到林逋书法的“清”与“劲”，他说：“林和靖诗句自然沉深，其字画尤工，遗墨尚当宝藏，何况笔法如此，笔意殊类李西台而清劲处尤妙。”又说：“林处士书清气照人，其端劲有骨，亦似斯人之涉世也。”《自书诗卷》结体昂挺，笔画线条细瘦，字与字间多细笔游丝，起笔、收笔处多露尖削，转折方硬，给人瘦挺孤峭、“有骨少肉”的感觉，幽淡雅致，耐人品味。从格调而言，林逋的书法高谢尘寰，有不食人间烟火的林下之风。正如刘熙载《艺概》所说：“书者，如也，如其学，如其才，如其意，总之曰如其人而已。贤者之书温醇，骏雄之书沉毅，畸士之书利落，才子之书秀颖。”林逋之书，如其人也。

但是，成就林逋声名的远不是林逋的书法，而是他的梅花诗。林逋是宋代梅花诗的奠基者，共有八首咏梅诗。

梅　花

吟怀长恨负芳时，为见梅花辄入诗。
雪后园林才半树，水边篱落忽横枝。
人怜红艳多应俗，天与清香似有私。
堪笑胡雏亦风味，解将声调角中吹。

山园小梅

众芳摇落独暄妍，占尽风情向小园。
疏影横斜水清浅，暗香浮动月黄昏。
霜禽欲下先偷眼，粉蝶如知合断魂。
幸有微吟可相狎，不须檀板共金樽。

剪绡零碎点酥干，向背稀稠画亦难。
日薄纵甘春至晚，霜深应怯夜来寒。
澄鲜只供邻僧惜，冷落犹嫌俗客看。
忆着江南旧行路，酒旗斜拂堕吟鞍。

山园小梅

数年闲作园林主，未有新诗到小梅。
摘索又开三两朵，团栾空绕百千回。
荒邻独映山初尽，晚景相禁雪欲来。
寄语清香少愁结，为君吟罢一衔杯。

梅　花

几回山脚又江头，绕著瑶芳看不休。
一味清新无我爱，十分孤静与伊愁。
任教月老须微见，却为春寒得少留。
终共公言数来者，海棠端的免包羞。

小园烟景正凄迷，阵阵寒香压麝脐。
池水倒窥疏影动，屋檐斜入一枝低。
画工空向间时看，诗客休征故事题。
惭愧黄鹂与蝴蝶，只知春色在桃溪。

梅　花

宿霭相粘冻雪残，一枝深映竹丛寒。
不辞日日旁边立，长愿年年末上看。
蕊讶粉绡裁太碎，蒂凝红蜡缀初干。
香篘独酌聊为寿，从此群芳兴亦阑。

孤根何事此柴荆，村色仍将腊候并。
横隔片烟争向静，半黏残雪不胜清。
等闲题咏谁为愧，仔细相看似有情。
搔首寿阳千载后，可堪青草杂芳英。

〔宋〕马麟《暗香疏影图》

这八首诗在宋代被称为“孤山八梅”。比林逋年少一些的胡铨给这八首诗很高的评价，他在《和和靖八梅》中说：“八咏格高凌太白，千林地迥切西清。着枝有味知深意，欹屋无言似薄情。”

“孤山八梅”中常为人们称道圈点的是以下三联：其一，“疏影横斜水清浅，暗香浮动月黄昏。”其二，“雪后园林才半树，水边篱落忽横枝。”其三，“湖水倒窥疏影动，屋檐斜入一枝低。”

〔明〕陈录《烟笼玉树图》

这三联一直为人所欣赏，人们也不禁为其中哪一联最妙而展开了争论。宋代王直方认为第三联可与第一、二联相伯仲。宋代杨东山《梅花说》认为：“林和靖咏梅，‘疏影横斜水清浅’二句，此为梅写真之句也，梅之形体也。‘雪后园林才半树’二句，此为梅传神之句也，梅之性情也。写梅形体是谓写真，传梅性情是谓传神。”欧阳修对第一联赞不绝口，他在《归田录》中说：“处士林逋梅花诗云：‘疏影横斜水清浅，暗香浮动月黄昏。’评诗者谓前世咏梅者多矣,未有此句也。”黄庭坚却欣赏第二联,他在《山谷集·书林和靖诗》中说:“欧阳文忠公极赏林和靖‘疏影横斜水清浅,暗香浮动月黄昏’之句,而不知和靖别有咏梅一联云:‘雪后园林才半树,水边篱落忽横枝。’似胜前句,不知文忠公何缘弃此而赏彼?文章大概亦如女色,好恶止系于人。”欧、黄两人的不同大概在于二人的着意点不同,“疏影”联侧重于写梅花的形态和幽香,“雪后”联侧重于写梅花的姿色和品格,黄庭坚注重格调而欧阳修专注于意味。清代查慎行折中说:“欧、黄各赏一联,由其性之所近,而出于中心之好。……余谓二联神韵意趣俱足,今人无二公之才识,不得妄为轩轾。”

由后世文章来看,第一联被提得最多。明代李日华在《紫桃轩杂缀》中认为这一联是林逋根据南唐诗人江为的诗句“竹影横斜水清浅,桂香浮动月黄昏”改编的,说:“林君复改二字为‘疏影’、‘暗香’以咏梅,遂成千古绝调。”这种说法并没有被宋、元两朝人提及,因此李日华所引是否可靠,值得商榷。即便确是如此,林逋的改编也算是点铁成金了,李日华的“遂成千古绝调”可以说明一切。宋人张端义的评价是:“林和靖八首梅诗,惟‘疏影横斜水清浅,暗香浮动月黄昏’可谓绝唱。”南宋王十朋甚至断言:“暗香和月入佳句,压尽千古无诗才。”苏轼说:“林逋梅花诗云:疏影横斜水清浅,暗香浮动月黄昏,决非桃李诗。”所以当王晋卿认为林逋的这两句诗也可以用于描写杏花或者桃李时,苏轼坚决表示反对,说:“可则可,但恐杏、桃、李不敢承当耳。”苏轼的话说得十分简洁,宋末的方回发挥道:那些杏花、桃花、李花的“影”能用“疏”字来形容吗?它们的“香”能用

"暗"字来形容吗?它们与"月黄昏"、"水清浅"又有何关!"横斜"、"浮动"这四字牢不可移!司马光认为这两句诗曲尽梅之体态。即是说,"疏影横斜水清浅,暗香浮动月黄昏"两句诗将梅花的风姿、神韵写得出神入化,它传的是梅花的神,与别的花卉无关。汪莘《满江红》词的上半阕总结道:"唐宋诸公,谁道得,梅花亲切。到和靖先生诗出,古人俱拙。写照乍分清浅水,传神初付黄昏月。尽后来作者,斗尖新,仍重叠。"

陈与义《和张矩臣水墨梅》诗说:"自读西湖处士诗,年年临水看幽姿。晴窗画出横斜影,绝胜前村夜雪时。"诗中的"前村夜雪时"就是指唐代僧人齐己的《早梅》诗:"万木冻欲折,孤根暖独回。前村深雪里,昨夜一枝开。风递幽香去,禽窥素艳来。明年如应律,先发映春台。"据说,"一枝开"初稿作"数枝开"。齐己带着自己的诗去拜访郑谷,看到"前村深雪里,昨夜数枝开"时,郑谷笑着对齐己说:诗的题目是《早梅》,"数枝"两字不能突出时间的"早",不如改为"一

〔明〕周之冕《松梅芝兔图》

〔明〕陈录《玉兔争清图》

枝”，这样就可以凸显梅开之早了。齐己听了，豁然有悟，不觉叩头膜拜，称郑谷为“一字之师”。齐己的“前村深雪里，昨夜一枝开”也是咏梅佳句。苏轼《次韵杨公济梅花十首之三》“绿发寻春湖畔回，万松岭上一枝开”就是化用齐己的“一枝开”。在上述诗作中，陈与义用“绝胜”来强调林逋的“疏影横斜水清浅，暗香浮动月黄昏”之美。

“疏影、暗香”联的成功首先在于巧用烘托。“疏影横斜”是指倾斜地横生而伸展出来的梅枝，以因清澈见底而显得有些浅的水的烘托、映照，倒映在水中，现出疏朗有致的倒影。一个“疏”字，极切梅树无叶开花的特点，在映月清水的烘托下，益发显出梅枝清秀疏淡的风姿。“暗香浮动”是指一股幽幽的淡香，在昏黄的月光的照射下，微微地在空气中荡漾浮动，用若明若暗的朦胧月色烘染其“暗香”，使人产生一种幻觉，“暗香”似乎化作了“黄昏”，梅芳融入了月光。上句主要是视觉形象，下句主要是嗅觉形象，并诉诸感觉和形色。视嗅联动，赋予梅花以绝妙的神韵。自此以后，“疏影”、“暗香”、“黄昏”、“月下”、“横斜”等经常出现在文人的咏梅诗词中。如杨万里《雪夜寻梅》:“横枝憔悴涴晴埃,端令羞面不肯开。”张道洽《瓶梅》:“横斜竹底无人见,莫与微云澹月知。”黄庭坚《次韵中玉早梅》:“折得寒香不露机,小穷斜日两三枝。”张元干《鹧鸪天》:“不怕微霜点玉枝,恨无流水照幽姿。”朱雍《八声甘州》:“多少横斜影,萦绕江流。”王沂孙《西江月》:“溪上横斜影淡。”在这些句子中,都有着林逋的影子。方回在《瀛奎律髓》中总结道:“和靖八梅未出,犹为易题。疏影暗香一经此老之后,人难措手矣!近世诸人为梅诗,一切蹈袭,殊无佳话,甚者搜奇抉隐,组织千百,去梅愈远。”宋代词人、音乐家姜夔在范成大的石湖梅园中游玩,正值梅花盛开,便以《暗香》、《疏影》为名自度新曲咏梅,受到范成大的极力赞赏;而且,这两首词也是文学史上著名的咏梅词。

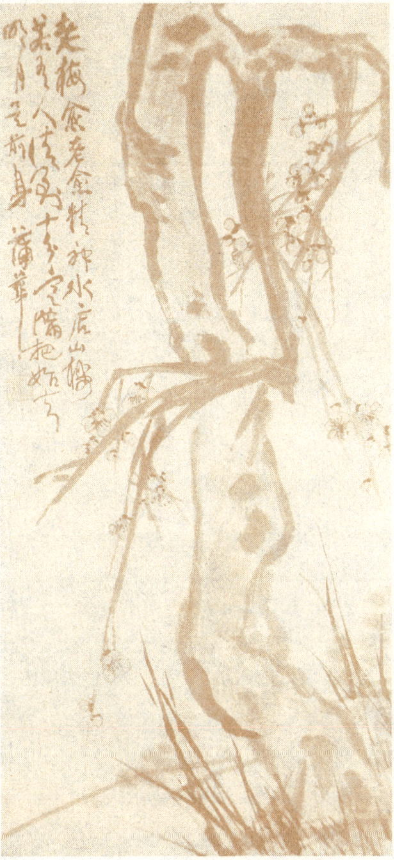

〔清〕蒲华《墨梅图》

林逋的“疏影暗香”诗句为梅花开启了一个新的审“梅”视角:梅枝的“疏影横斜”之美。晋唐时代,人们注意的是梅花的“色”与“香”,诗人们也普遍地认为梅之

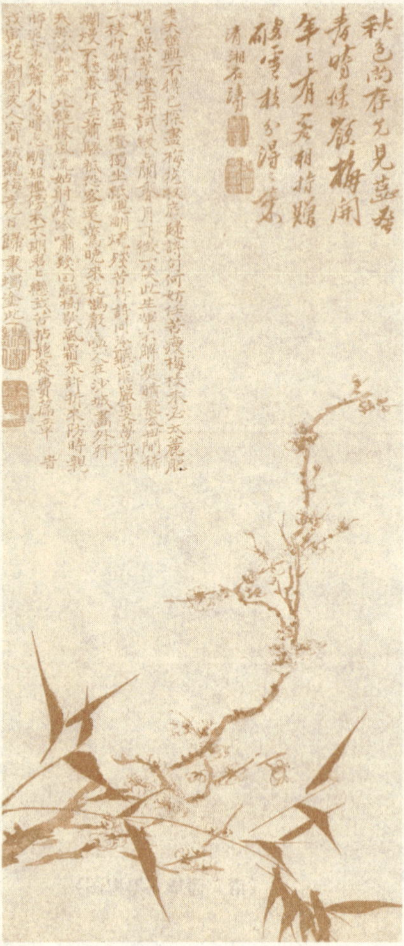

〔清〕石涛《梅竹图》

美质在“色”与“香”，梅之特征在其“素艳”与“寒香”。如陈叔宝《梅花落二首》：“映日花光动，迎风香气来。”苏子卿《梅花落》：“只言花是雪，不悟有香来。”李峤《梅》：“雪含朝暝色，风引去来香。”柳宗元《早梅》：“朔吹飘夜香，繁霜滋晓白。”虽然也有提到“数枝”、“一枝”的，如唐代崔橹的《梅花》“强半瘦因前夜雪，数枝愁向晚来天”、齐己的《早梅》“前村深雪里，昨夜一枝开”，然而它们仍是花枝并举，而非凸显梅枝。何逊的《咏早梅》“枝横却月观，花绕凌风台”注意到了“枝横”两字，杜甫的《舍弟观赴蓝田取妻子到江陵喜寄》“巡檐索共梅花笑，冷蕊疏枝半不禁”点出“疏枝”二字，然而没有引起很大的注意，其间的部分原因是当时北方士人罕有知梅事者。宋代以前，全国的经济文化中心在北方，北方少梅花，因此梅花不可能进入文化的核心层面。至多是如何逊、杜甫等人注意到了“枝横”、“疏枝”这种现象，还没有由衷地赞美梅枝本身之美。而林逋却不同，在“疏影横斜水清浅”、“池水倒窥疏影动”、“屋檐斜入一枝低”、“水边篱落忽横枝”等这些诗句中，梅枝成了诗人观照的视角，诗人把梅枝之美作为赞美梅花的核心内容；而且诗人极富创造力的用枝影形态来衬托梅枝之美，虚实结合，又富有动感。这些诗句“曲尽梅之体态”，将梅花的风姿、神韵写得出神入化，其艺术魅力紧紧抓住了读者的心。

为什么林逋能吟出“疏影横斜水清浅，暗香浮动月黄昏”等绝妙佳句，从而捕捉到梅枝之美呢？实际上，一个创造性的发现并非仅仅靠聪明才智就能完成，它更需要全身心的投入并有高尚的情操才能获得。宋代白玉蟾《友人陈楓得扬补之三昧赏之以诗》说：“有人身心似梅花，写出清浅与横斜。”林逋对梅花情有独钟，在西湖孤山以梅为妻，以鹤为子：“几回山脚又江头，绕著瑶芳看不休。”“不辞日日旁边立，长愿年年末上看。”环境的清幽，生活的闲静，更使林逋能领略到一切自然之美，所以他咏梅立意高远，标格出梅花的风骨。辛弃疾《和傅岩叟梅花二首》说：“暗香疏影无人处，唯有西湖处士知”，辛弃疾没有详细说明为什么“唯有西湖处士知”，宋代黄庚给出了答案，他的《杂咏》说：“人非陶令空看菊，诗不林逋漫咏梅。晋宋后来爱花者，输他高节与高才。”黄庚看到了高远的情操是林逋写出绝妙佳句的重要因素。宋代舒岳祥《题王任所藏林逋索句图》说：“身后不遗封禅稿，吟梅全是自题真。画工岂识凌云意，童子趋炎鹤附人。”苏轼所说的“但恐杏、桃、李不敢承当耳”，其实，杏、桃、李所不敢承当的并非是梅花，而是梅花身后的咸平处士林和靖。

借着林逋“孤山八梅”的艺术魅力，梅枝的“疏影横斜”之美逐渐为文人士大夫所接受。后世的咏梅诗也频频出现以梅枝入诗者。凸显出梅枝之美，就使梅花突破了一般春花容色呈妍的凡姿俗态，展现出疏雅瘦劲的

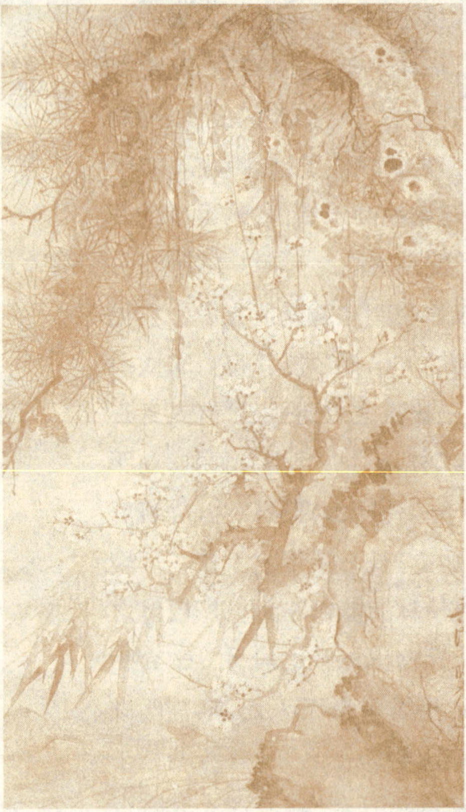

〔清〕恽寿平《五清图》

骨格形象。《四库全书总目》说："离骚偏撷香草，独不及梅。六代及唐，渐有赋咏，而偶然寄意，视之亦与诸花等。自北宋林逋诸人递相矜重'暗香疏影，半树横枝'之句，作者始别立品题，南宋以来，遂以咏梅为诗家一大公案。"宋代张道洽《梅花》曰："朔风吹石裂，寒谷自春生。根老香全古，花疏格转清。园林千树秃，篱落一枝横。佩芷兼怀玉，悠然见此兄。"苏轼的《和秦太虚梅花》"江头千树春欲闹，竹外一枝斜更好"是林逋之后的又一佳句，既衬托出梅花形象的秀拔娟丽，更写出了一份"幽独闲静"之趣。苏轼的诗句得到了人们的高度赞扬，清代邓廷桢《双砚斋词话》说："评梅花诗者，以庾子山之'枝高出手寒'、苏子瞻之'竹外一枝斜更好'、林君复之'疏影横斜水清浅，暗香浮动月黄昏'为千古绝调。"宋代余观复《梅花引》说："绝爱西湖君，暗香浮动月黄昏。亦爱东坡老，竹外一枝斜更好。"

梅花花小色淡，而且早春花期无叶，淡小疏花点缀宿枝之间，枝条形态很是突出。石曼卿诗云"认桃无绿叶，辨杏有青枝”虽被苏轼认为“至陋语，盖村学究体也”，但也确实点出了梅的特征。梅的枝条，由枝的顶部发育的新枝长势最强，极显挺拔条畅之姿。诗人们选用往往用“瘦”字来刻画梅枝。李清照《殢人娇·后庭梅花开有感》：“玉瘦香浓，檀深雪散。”陈亮《梅花》：“疏枝横玉瘦，小萼点珠光。”宋代赵蕃《梅花》：“全树婆娑夥匪奢，数枝纤瘦少尤佳。”宋代萧泰来《霜天晓角》：“千霜万雪，受尽寒磨折。赖是生来瘦硬，浑不怕，角吹彻。”寒梅吐艳时，绿叶未萌，疏枝斜放，故用“瘦”字摄其形；严霜铺地，大雪漫天，而梅独傲然挺立，生气蓬勃，故以“硬”字表其质。高龄老梅又别具一格。梅是长寿树种，有存活千

〔清〕八大山人《梅石图》

〔清〕樊圻《岁寒三友图》

年以上的。梅愈老愈显苍劲挺秀，树皮纵裂翘剥，树瘤密布，苔藓地衣寄生，具有饱经沧桑而又威武不屈的阳刚之美。诗人们往往以“骨”、“龙”来形容梅，如宋代吕宜之《梅林分韵得诗字》说是：“老树更崛奇，矫矫蛟龙姿。”清代袁谨《晴轩老梅》说：“古干曲盘风炼骨，横枝瘦劲月摹神。”清代静诺《古梅歌》说：“阆苑琼姿不记年，屈曲古干如龙盘。大庾万枝只如此，回旋曲折空山里。”

老梅的枝干以线条为主，富于材质力度之感。老干苍劲盘曲似松，嫩枝峭拔条畅似竹。人们着意利用梅枝疏淡、清瘦、峭拔、苍劲、老健的美感，推演闲淡简雅的精神意趣，塑造刚劲老成的“风骨”形象并赋予老、清、贞等人格意象。《潜确类书》称：“梅有四贵，贵稀不贵繁，贵老不贵嫩，贵瘦不贵肥，贵含不贵开。”所谓的老、瘦，均是指梅枝。宋代范成大在《梅谱》中说：“梅以韵胜，以格高，故以横斜疏瘦与老枝奇怪者为贵。”宋代韩淲《梅花》曰：“肯同桃李强挽春，自占空山野水滨。老气却因高树得，清姿不待数花新。本来淡薄难从俗，纵入纷华亦绝尘。最爱夜深霜重处，冷风吹起月精神。”清代吴淇《枯梅》曰：“尽把精华收拾去，止留骨格与人看。”后人更以梅花可存活千年以上而牡丹只有几十年左右的生物特征之实，演“老梅花、少牡丹”之说，寓褒贬之意。

当梅枝的盘龙遒劲之美得到确认时，人们就开始以梅制作树桩盆景。传统的梅桩，有苏式、扬式、徽式、川式、广式等流派，人们归纳为“以曲为美，直则无姿；以欹为美，正则无景；以疏为美，密则无态”；又以“虬枝屈铁见梅花”、“古朴自然见精神”、“虽由人作，宛自天开”为原则。但实际上往往不尽如人意，做盆景时往往盘扎过度，违背了梅的自然特性，扼杀了梅的自由生长。龚自珍对这种现象进行了严厉批评：

而江浙之梅皆病。文人画士之祸之烈至此哉！予购三百盆，皆病者，无一完者。既泣之三日，乃誓疗之：纵之顺之，毁其盆，悉埋于地，解其棕缚；以五年为期，必复之全之。予本非文人画士，甘受诟厉，辟病梅之馆以贮之。呜呼！安得使予多暇日，又多闲田，以广贮江宁、杭州、苏州之病梅，穷予生

〔清〕余省《梅花八哥图》

之光阴以疗梅也哉!

林逋的“疏影横斜”诗句富有诗情画意,与我国绘画美学有暗合之处,对后代画家有所启迪。我国传统文人画讲究线条美,南北朝时,王微从形状上探讨过书法与绘画的相通之处,认为书法中的笔法都有一个特定的形状,可以与绘画中的形相通。谢赫六法中的“骨法用笔”,即是对笔法和骨力的强调。唐代张彦远以陆探微与王子敬、张僧繇与卫夫人、吴道子与张旭之间的关系来说明书画之间用笔的异同,他说:“夫象物必在于形似,形似须全其骨气。骨气形似,皆本于立意而归乎用笔。故工画者多善书。”明确地把谢赫所说的骨法用笔与书法用笔融合在了一起。赵孟頫《疏林秀石图》题跋云:“石如飞白木如籀,写竹还应八法通。若也有人能会此,须知书画本来同。”他以人们常见的枯木竹石为例子,认为以草书中的飞白法来表现石头的力度和质感,以篆书的笔法追求树木枝干的苍老浑厚而圆劲的效果,以楷书中的“永字八法”的各种不同笔法来描写竹子的各

〔元〕赵孟頫《疏林秀石图》

个部分（如竿、枝、叶等）的形状与姿态。通过这些外在的追摹与内在的力度表现，使画家笔下描绘的对象不仅具备一定的形似要求，同时还具有书法艺术中的力度和节奏等方面的形式美感。林逋所揭示的梅枝之美，指引着画家也来表现枝条稀疏的自然洒脱和老干虬龙的苍劲古朴。宋代诗人、画家林希逸《题梅花帖》云："梅经和靖诗堪画。"明代丘睿《题墨梅》曰："老龙半夜飞天下，蜿蜒斜立瑶阶里。玉鳞万点一齐开，凝云不流月如水。"

〔明〕陈洪绶《痛饮读骚图》

林逋开启了梅花作为道德人格象征的历史进程，他为梅花打上了"处士"人格的烙印，为梅花作为高洁人格的写照树立了崇高的典范。梅的人格化过程也就是人的梅格化过程，人们在赋予梅的人格化意志象征的同时，也在追求梅的这种精神道德品质。和兰与屈原、菊与陶渊明、莲与周敦颐一样，梅花也紧紧地与林逋连接在一起。辛弃疾《浣溪沙·种梅菊》曰："自有渊明方有菊，若无和靖即无梅。"宋代王淇《梅》曰："只因误识林和靖，惹得诗人说到今。”楼盘的《霜天晓角》更是以梅花自叙林逋才是她的知音，曰：“翦雪裁冰，有人嫌太清，又有人嫌太瘦，都不是我知音。谁是我知音，孤山人姓林。一自西湖别后，辜负我到如今。”

与“疏影”、“暗香”、“横斜”等一样，“处士”、“孤山老”、“逋仙”也成为人们咏梅的典故。陆游《题斋壁》云：“平生所慕孤山老。”宋代张道洽《梅花》言：“坐叹逋仙远，清宵费梦思。”欧阳修《归田录》感叹到：“处士林逋居于杭州西湖之孤山，……自逋之卒，湖山寂寥，未有继者。”

第二节　雅士赏梅之闲情偶寄

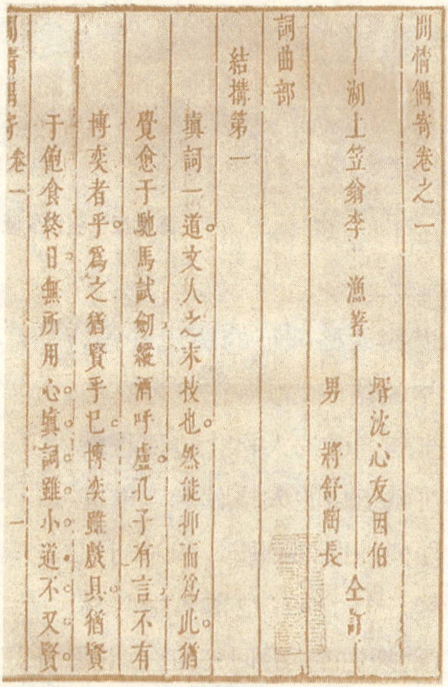
閒情偶寄卷之一
湖上笠翁李　漁著　壻沈心友因伯　仝訂
男　將舒蔚長
詞曲部
結構第一
填詞一道文人之末技也然能抑而爲此猶
覺愈于馳馬試劒縱酒呼盧孔子有言不有
博奕者乎爲之猶賢乎已博奕雖戲具猶賢
于飽食終日無所用心填詞雖小道不又賢
閒情偶寄卷一　一

〔清〕李渔《闲情偶寄》书影

清初李渔的《闲情偶寄》是一本讲述人生各种闲情逸趣的随笔，内容包含戏曲理论、饮食、营造、园艺、养生等。林语堂在谈到《闲情偶寄》这本书时说：“李笠翁的著作中，有一个重要部分，是专门研究生活乐趣，是中国人生活艺术的袖珍指南。”

李渔说：“予有四命，各司一时：春以水

仙、兰花为命，夏以莲为命，秋以秋海棠为命，冬以蜡梅为命。无此四花，是无命也；一季缺予一花，是夺予一季之命也。”李渔爱花是真心的，《闲情偶寄·水仙》记载：丙午年春天，家中已经开始典当过生活了。时值水仙花开，欲购无资。家里人说：今年拮据，暂且不买，等明年宽裕了再买吧。李渔曰：“汝欲夺吾命乎？宁短一岁之寿，勿减一岁之花。且予自他乡冒雪而归，就水仙也，不看水仙，是何异于不返金陵，仍在他乡卒岁乎？”于是典当金簪耳环而购之。

李渔又说：

> 观梅之具有二：山游者必带帐房，实三面而虚其前，制同汤网，其中多设炉炭，既可致温，复备暖酒之用。此一法也。园居者设纸屏数扇，覆以平顶，四面设窗，尽可开闭，随花所在，撑而就之。此屏不止观梅，是花皆然，可备终岁之用。……然而爱梅之人，缺陷有二：凡到梅开之时，人之好恶不齐，天之功过亦不等，风送香来，香来而寒亦至，令人开户不得，闭户不得，是可爱者风，而可憎者亦风也。雪助花妍，雪冻而花亦冻，令人去之不可，留之不可，是有功者雪，有过者亦雪也。其有功无过，可爱而不可憎者惟日，既可养花，又堪曝背，是诚天之循吏也。使止有日而无风雪，则无时无日不在花间，布帐纸屏皆可不设，岂非梅花之至幸，而生人之极乐也哉！然而为之天者，则甚难矣。

看来，李渔真是一个会享受生活的人，也是一个懂得享受生活的人。他可以算是今天那些提倡为生活而艺术的一员。

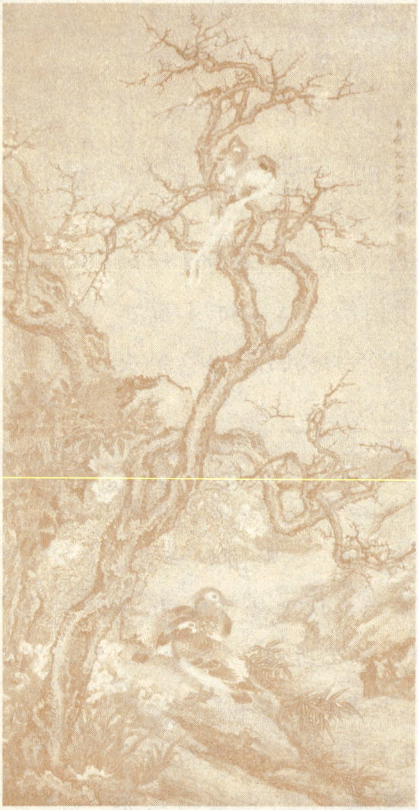
〔清〕沈铨《群仙祝寿图》

在李渔之前有一位叫范象先的人，他不像李渔那样用布帐纸屏，他直接在梅花旁边搭筑高楼，饮酒高歌。陈继儒的《梅花楼记》就是记范象先的。

文章说：范家的花园里有两棵老梅，婆娑相对，苍枝老骨纵横，屈曲排檐而上，其干可抱，其叶可荫，一次结果可得梅子五百余斤。于是范象先在老梅的旁边搭筑高楼以临风观梅，还邀请一些志同道合者如陈继儒等文人学士或有道高僧一起赏玩。由于天气寒冷，他们在椅子上垫以虎皮，旁边生以火炉温酒。范象先则倚楼而歌：雪满山中高士卧，月明林下美人来。忽然又笑了笑，说：高启的这首诗不过是得花之幽韵闲淡而已，吾家老梅正如碧眼西僧，修眉露额，又若毒龙怒虬，纷拏构斗于广莫之野。文章的最后，陈继儒恭维说：寿安寺的和尚因为赏梅的游客太多，竟然把梅树劈为柴薪；光福元墓傍的村人只以种梅为业：他们都不懂得品题与护持。古今以来梅花的知己，宋代有林逋，之后就是范先生您了。只是范先生还少了一样：童子开门放鹤。下一次，如果您的白鹤向您报信说有客至请速回的话，那一定是我到此。您一定要命令梅花开放来迎候我哦！

陈继儒是明代的文学家和书画家。他倡导文人画，重视画家的修养，和董其昌一起相互唱和而作南北宗论。董其昌评价他说："眉公胸中素具一丘壑，虽草草泼墨，而一种苍老之气，岂落吴下画师恬俗魔境。"陈继儒擅画墨梅，所作墨梅多册页小幅，往往不注重枝干的肌理描绘，多用倔强生拙的笔法画出，枝干曲折的地方多

〔明〕陈继儒《墨梅》(扇面)

有棱角，但自然随意，意态萧疏。陈继儒29岁时就以隐士自居，结茅昆山之阳，但是又不断地周旋往来于官绅之间，这就为人所诟病了。清代蒋士铨作《临川梦·隐奸》的出场诗云："妆点山林大架子，附庸风雅小名家。终南捷径无心走，处士虚声尽力夸。獭祭诗书充著作，蝇营钟鼎润烟霞。翩然一只云间鹤，飞去飞来宰相衙。"不少人认为这是讽刺陈继儒的。

筑楼、摊虎皮、温酒赏梅对李渔、范象先、陈继儒等人来说是大雅之事，是值得高兴的事。那么在

〔明〕陈继儒《墨梅图册》

梅花看来，这是不是一件值得荣幸的事呢？其实，早在宋代，梅花就已经委托欧阳守道作了一项书面说明。

在《巽斋集·题郭靖翁梅图》中，欧阳守道记道：有一天，他梦见一位洁白清峭的男子来找他商量。这位男子说：我居住在此有些年头了，主人对我很好，但我总觉得有些不堪忍受，因此想要离开这里，您能帮我吗？欧阳守道问：主人对你很好，为什么还想要离开？男子答道：我性喜清幽闲适，不喜欢与大呼小叫、酒气冲天之徒应酬。但是主人似乎不明白我的心思，想在我旁边筑楼，并大宴宾客。虽然这些宾客中也有志向高洁之士，但是他们似乎也只是仅仅满足于口腹之欲。这使我不得安宁，所以想要离开。如果您不能帮忙的话，我也只能自将枯萎了。说完，男子就不见了。欧阳守道一下子被惊醒了。这时他看到几案上有一张梅花图，图上有“近树架屋，迎客看花"的题记。他忽然醒悟道：原来是梅花托梦。

梅在宋代就已经成为一种雅致之物，赏梅赋诗成为文人的风尚。其中有托物言志者，也有人云亦云者。卢梅坡的"有梅无雪不精神，有雪无梅俗了人"以及杜耒的"寻常一样窗前月，才有梅花便不同"，多少隐含些装点门面的潜台词，而只有周敦颐《爱莲说》中所说的"可远观而不可亵玩焉"，才是真正的赏花之理。

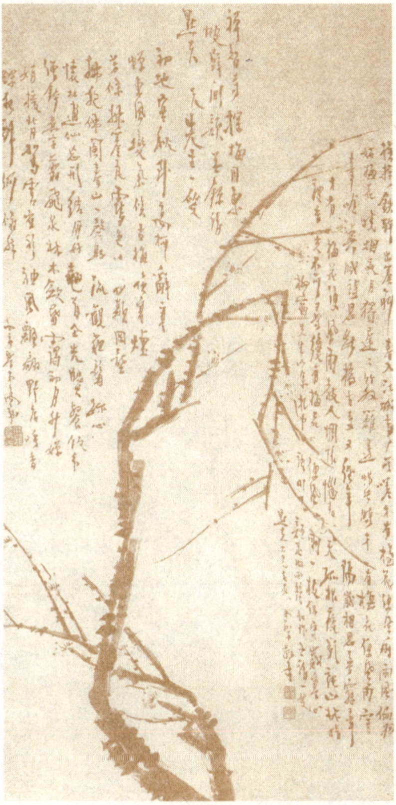

〔清〕高翔《墨梅图》

第三节　理学家赏梅

魏晋以后，梅花越来越受到关注与推崇。到了宋代，梅花作为花魁的地位已经确立。宋代罗大经的《鹤林玉露》说："至六朝时乃略有咏之者，至唐而吟咏滋多，至宋朝，则诗与歌词连篇累牍，推为群芳之首。"范成大的《梅谱》更是说："梅为天下尤物，无问智、愚、贤、不肖，莫敢有异议。"

于是理学之士就对全天下人都如痴如狂的追捧梅

〔宋〕佚名《梅竹聚禽图》

花进行反思。宋代胡次焱在《山园后赋》中指出："若但嗅蕊拈香，朝游暮戏，此禽鸟之所乐，蜂蝶之故志，人所以与天地并立为三者，果如是而已乎！"认为人如果只知赏玩花木，只知感官享受，那么和禽鸟有多少区别呢？这样也就失去了人之所以为人的根本原则。胡次焱在这里并不是骂人，而是很高层次的思考，是孔子思想的延续。《论语·为政》记载："子游问孝。子曰：今之孝者是谓能养，至于犬马皆能有养，不敬何以别乎！"欧阳修在《醉翁亭记》最后写道："然而禽鸟知山林之乐，而不知人之乐；人知从太守游而乐，而不知太守之乐其乐也。"这里欧阳修提到了三种乐：禽鸟之乐，人之乐，太守之乐。虽然我们可以理解为各得其乐，无甚差别，但是主张无差别的只是乐的状态，乐的内容与对象还是有所差别的。人与动物的不同在于人能够感知生命，要追求生命的意义。这就要求人要站在人的高度去思考问题、欣赏事物。

比德于色，花之羞也。弃色求德，人之高也。理学家要求通过物色表象而求得道义事理，抒写品格意趣。魏了翁有诗云：

远钟入枕雪新晴，衾铁衣棱睡不成。

起傍梅花读《周易》，一窗明月四檐声。

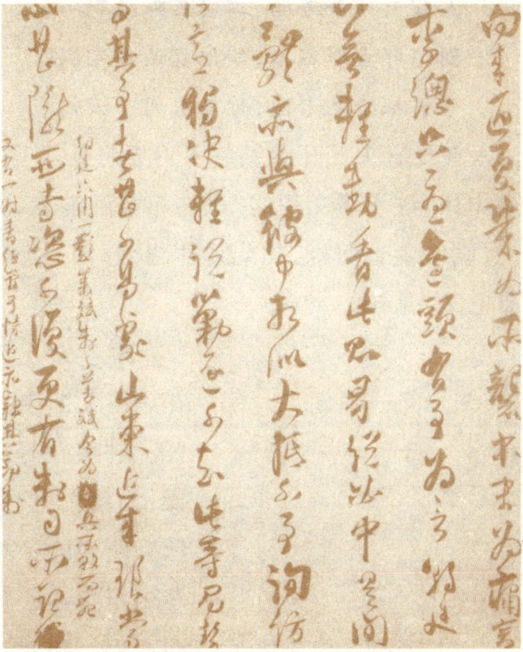

〔宋〕魏了翁《文向帖》(局部)

听着外面的雪水在嘀嗒嘀嗒响，起来傍着梅花读《周易》，这个境界是多么清雅呀！表现出自然和生命的联系。在理学弟子们看来，傍梅读《易》与孟浩然的踏雪寻梅之类的诗人风雅不同，乃是仁者之乐、圣贤气象，有着从容中道、平实和易的独特气度。后来魏了翁又作诗云：

谁将苍龙挂秋汉，宇宙中间卷无迹。

人情易感变中化，达者常观消处息。

向来未识梅花时，绕溪问讯巡檐索。

绝怜玉雪倚横参，又爱青黄弄烟日。

中年易里逢梅生，便向根心见华实。

候虫奋地桃李妍，野火烧原葭菼茁。
方从阳壮争门出，直待阴穷排闼入。
随时作计何大痴，争似此君藏用密。
人官天地命万物，二实五殊根则一。
囿形辟盍浑不知，知把真诚作空寂。
亭前拟绘九老图，付与人间子云识。

诗人在梅春来花开中领悟了阴阳消息、天理流变的大道本体，继承了二程的“早梅冬至已前发，方一阳未生，然则发生者何也，其荣其枯，此万物一个阴阳升降大节也”的观点。

〔明〕陈洪绶《高贤读书图》

理学之士还在梅花中不断嚼出了“清”、“贞”等义理情操，如葛立方《韵语阳秋》所说的：“梅于穷冬严凝之中，犯霜雪而不慑，毅然与松柏并配，非桃李所可比肩，不有铁石心肠，安能穷其至！”理学家还将梅子的果实之仁与道德之仁联系起来。蒲道源《青梅》诗云：“之子深能保自固，中含天地发生仁。”陈深《梅山铭》：“自花而实，斯仁之成。”这样就自然地引入了功用致善的道德意义，也使得在梅花审美中避免了“华而不实”之类的无端批评，既充实了梅的审美意象，又拉开了梅与一般花卉的审美差距。

第四节 大众赏梅

随着梅花的广泛栽培，梅花的风俗意象也越来越丰富。在《红楼梦》中就出现了各式梅花形吉祥物，如第三回写道：“正面设着大红金钱蟒靠背，石青金钱蟒引枕，秋香色金钱蟒大条褥，两边设一对梅花式洋漆小几。”第十九回提到：“取出两个梅花香饼儿来。”梅花香饼儿是用香料制成的梅花形小饼，可佩带，也可燃烧。第三十五回《白玉钏亲尝莲叶羹 黄金莺巧结梅花络》中，袭人携了莺儿过来，问宝玉打什么络子，莺儿道：一炷香、朝天凳、象眼块、方胜、连环、梅花、柳叶。宝玉道：前儿你替三姑娘打的那花样是什么？莺儿道：那是攒心梅花。另外，在其他章次回目中也屡屡出现梅花形的事物，如第一百一十八回的“不是二爷叫我打梅花络子时说的”，第四十回的“每一榻前有两张雕漆几，也有海棠式的，也有梅花式的，也有荷叶式的，也有葵花式的，也有方的，也有圆的，其式不一”，第

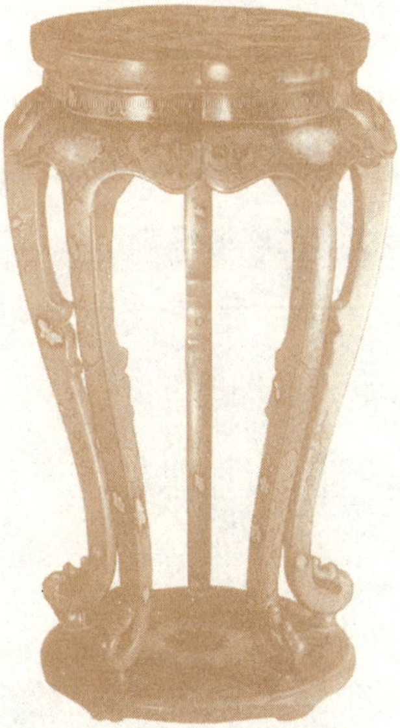

〔清〕梅花式漆几

五十三回中押岁锞子“只见也有梅花式的,也有海棠式的,也有笔锭如意的,也有八宝联春的”,第三十八回的“黛玉放下钓竿,走至座间,拿起那乌银梅花自斟壶来,拣了一个小小的海棠冻石蕉叶杯”等等。

吉祥寓意的艺术作品,是以某些自然物象的寓意、谐音或附加文字等形式来表达人们对幸福生活、吉祥如意的憧憬和追求。如以青松配仙鹤称为“松鹤长春”,表示延年益寿;以两条鲤鱼联结在一只磬上,称为“双鱼吉庆”;蜜蜂与竹配合,称为“丰衣足食”。梅在人们的心目中也有着丰富的内涵。

梅代表福:因梅开五瓣,而名“五福花”,分别象征快乐、幸福、长寿、顺利与和平。旧时富户的大门常有“梅花开五福,竹叶兆三多”的吉祥语。秦汉时期,岭南就有用梅花为祭器,祭祀神灵祈求福佑的习俗,当年梅将军“以梅岭为汤沐,又有梅花为俎豆,亦荣矣哉”。

梅开五瓣

梅代表寿：梅寿命长，一般可活三五百年，甚至千年以上。我国最早的古梅当推湖北黄梅县的“江心古寺”遗址处的“晋梅”了。它饱经风霜，树干已成灰黑色，每年大寒开花，花开满树，整个开花期达冬春两季。浙江天台山国清寺有隋梅一株，距今也有一千三百多年的历史，相传是佛教天台宗的创始人智凯大师亲手种植。云南昆明黑龙潭，尚存唐梅。杭州超山有宋梅，相传

江心寺的“晋梅”

为苏东坡手植。梅长寿不足为奇，奇的是枯木能逢春。所以梅有一个显著特征是：愈老愈显得苍劲挺秀，生意盎然。

梅代表喜：此处梅谐音“眉”，梅花常与谐音“喜”的喜鹊组成画面。在中国传统习俗中，喜鹊被认为是一种报喜的吉祥鸟，而梅开百花之先，是报春的花。所以喜鹊立于梅梢，即是将梅花与喜事连在一起，表示喜上眉梢，比喻喜悦的心情使人喜上眉梢，寓意喜讯即将到来。“喜鹊登梅”在中国民间是最为喜闻乐见的吉祥喜庆图案，常见于建筑、室内摆设、服饰、剪

喜鹊登梅（剪纸）

纸等。在江南古建筑的装饰上，便有许多喜鹊登梅的图形纹饰，充分显示出中国古建筑的典雅精巧。如苏州网师园梯云室前后檐均设长窗六扇，室内柱间装落地罩，两面镌刻图案，以鹊梅为主题，雕工精湛，造型生动活泼，于纤巧俊美之中，极具剔透雅致之功效。此外，在漏窗上也有大量梅花装饰图形——冰穿梅花漏窗和如意梅花漏窗。“喜鹊登梅”的纹饰意象，自古以来广泛应用于陶艺上的图案造型。如吉州窑瓷瓶花鸟纹的常见题材就是“喜鹊登梅”，此类瓷瓶

〔清〕喜鹊登梅摆件

大肚细颈，颈部以七圈粗细旋纹作陪衬，瓶身正面绘一折枝梅，枝上立一喜鹊。从设计意念来看，整体设计围绕“鹊叫春”展开，梅枝舒卷自然，梅梢顶端梅朵肥硕，喜鹊雀跃，活灵活现，表现了一派生机盎然、前程似锦的喜庆景象。此外，民间艺术中还有“竹梅双喜”的吉祥图案，即栖在竹与梅上的两只喜鹊图。李白诗云：“郎骑竹马来，绕床弄青梅。”以竹喻新郎，以梅喻新娘，“竹梅双喜”，寓示夫妻恩爱，婚姻美满幸福，以祝贺新婚之喜。

第五节　赏梅佳处

江南人特别钟爱梅花，不但喜欢在房前屋后栽种梅花，而且还喜丛植、林植梅花，依山伴水组景，构成妩媚多姿的自然景观，从而江南各地出现了许多面积大小不等的梅岗、梅岭、梅岩、梅溪、梅坞等赏梅佳处。

一、山水型赏梅佳处——水上探梅

1.杭州西溪国家湿地公园

西溪梅花颇具来历。从南宋开始，西溪梅花就盛极一时，与灵峰、孤山一起为杭州三大赏梅胜地；到清代，“西溪探梅”已被列入“西湖十八景”。据《西湖志》记载：“（西溪）独盛于梅花，盖居民以梅为业，种植处不事杂植，且勤加修护，本极大而有致。又多临水，早春花时，舟从梅树下入，弥漫如雪。更有缃英、绿萼，花种不一。”

西溪现有梅花三万多株，梅林近千亩，主要分布在梅竹休闲区内的梅竹山庄和西溪梅墅一带。梅竹山庄是清代钱塘文人章黼(字次白)所建,庄内多古梅修竹。据史料记载,章次白对西溪的挖掘、疏浚工程作出的贡献很大。其为人性高洁,好读书,喜字画,常邀朋唤友至此吟诗作画,此地因之取名为梅竹山庄。西溪梅墅位于公园的东南面,原是梅农居住的一组小建筑,也可能是

西溪梅花

某位无名隐士的栖身居所。现在的西溪梅墅,是一组田园农舍风格的建筑,主要有西溪梅墅、香雪屋、探春亭、共山小筑等。主体建筑为木板面、土坯墙,简朴自然,充满乡居气息;屋顶高低错落有致,体形参差变化,与自然相生。这一景点以田园农舍为载体,以梅文化为内涵,以旷达开远的环境美为特色。这是西溪最引人入胜和最具有代表性的地方之一,充分体现了"态以远生,意以远韵"的诗意画趣。这里还集中了各种梅花,其中"绿萼梅"为西溪诸梅之最,明清时被称为"西溪梅",是梅中极品。

水是西溪的灵魂,园区约70%的面积为河港、池

西溪梅竹山庄

塘、湖泊、沼泽等水域，水域曲折，河道迂回，有如梅枝，正所谓“一曲溪流一曲烟”。整个园区六条河流纵横交汇，其间分布着众多的港汊和鱼塘，形成了西溪独特的湿地景致。而梅花正是分布在这些河道的沿岸，于是，“花开十万家，一半傍流水”。西溪探梅，一探在于西溪的梅弯曲于水上，有迎客之势；二探在于船从梅树下经过，梅花触手可及；三探在于河道弯环，正是乘舟寻梅的意趣。因而观赏西溪梅花，最好坐上一条小船边行边看，两岸满枝盛开的梅花，不时会调皮地探出头来，滑过头顶，在脸颊上留下一缕清香。郑江在《西溪草堂图》中说得好：“吾乡山水窟，莫如西溪幽。延缘一径通，落落清瑶流。夹岸无杂树，鹿角枝相樛。霏微岚翠间，香雪千林浮。有时略彴横，野竹寒修修。寻幽窈窕入，落英满扁舟。”许承祖《西溪》：“好山多在圣湖西，绕屋梅花映水低。过客探幽休问径，雪香深处是西溪。”鲍珍《游法华山》：“密竹障远天，梅花拥村聚。花时如白雪，人家隐香雾。”胡介《西溪竹枝词》：“有屋尽从梅里出。”柯一腾

《雪后过西溪》:"腊月溪山行处独,梅花世界入来深。"如果想进一步和梅花面对面的话,也可弃舟登岸,漫步田埂小径,领略西溪两岸美丽的田园风光。

西溪湿地公园

2.苏州太湖西山、东山、光福

环太湖的东山、西山、光福邓尉山三大景区有梅林总面积近三万亩。"万螺浮白碧壶中",是对环太湖地区梅林的真实写照。

"太湖梅花先天下"——光福的"邓尉探梅"为传世盛景。邓尉山位于苏州城西南60里的光福乡,崇山前抱,太湖后绕,地势十分幽深,汉代隐士邓尉居于此,故得此名。宋淳祐年间,高士查莘在山间广植梅花,后来当地人以种梅为业。邓尉山梅树品种繁多,"雪梅"、"寿桃梅"、"猪肝梅"等名种各展风姿。山前山后梅树成林,素有"十里香雪海"之誉。梅花盛绽时,花香四溢。登临赏梅最佳处梅花亭,举目四顾,但见山上山下,由远及近弥漫几十里,浪拥雪堆,芬芳弥漫,真是"遥看一片白,雪海波千顷"。诗曰:"十里梅花香雪海,千树万枝浮暗香。”清康熙时江苏巡抚宋荦见此景致，曾题“香雪海”三字于石上，邓尉遂有“香雪海”这个雅号。日前，邓尉梅林在方圆近十里的景区内植梅数十万株，也有“邓尉梅花甲天下”之誉。此外，与邓尉一山相连的元墓也是赏梅胜地。此地因晋代青州刺史郁泰元葬于此，得其名。赏梅者可以在邓尉和元墓之间一路流连。清人顾铁卿曾在《清嘉录》中记述了道光年间时人观梅的痴狂模样：“暖风入林，元墓梅花吐蕊，迤逦至香雪海，红英绿萼，相间万重，郡人舣舟虎山桥畔，襆被遨游，夜以继日。”意即郡中人为了赏梅，带上行李铺盖，困了，打开包袱，拥被而眠，醒了，卷起铺盖就走，夜以继日，徜徉在梅林之中。

邓尉山梅园

太湖西山梅园以太湖之中的林屋山为中心，环山数千亩的梅林连绵不断，面积之大，梅种之多，密度之高，堪称全国之最。历史上有石公秋月、林屋晚烟、缥缈云场、毛公积雪、西湖夕照、玄阳稻浪、甪里梨云、鸡笼梅雪、消夏渔歌、龙清归帆十大风景。这里有红梅、绿梅、白梅等各个品种，尤以白梅最多，且有近千棵百年以上的古树。每年梅花盛开之时，太湖西山梅园景区都会举办盛大的“中国苏州太湖梅花节”活动。“林屋梅海”已成为全国最大的赏梅及梅文化研究、活动基地。

太湖西山梅园

而去东山，适宜探的不是园梅，而是村梅。村梅指的是在村庄里外、山路两旁零星独生的梅树，它们自然地生发，未经过修剪，有一种纯天然的美。东山村庄外和山路两旁零星独生的梅树较多，在花讯最旺的时候，梅花将山路打扮得热闹非凡。还有许多梅花分散在各个景点村落中，成为景点最好的点缀衬托。

二、山林型赏梅佳处——山中寻梅

1.杭州灵峰

位于杭州植物园东北角青芝坞内的灵峰，为当今西湖最大的赏梅胜地。景区北侧植春梅六千多株，品种达五十多种，名贵的有“大绿”、“芬红”等；南侧有蜡梅园，植有“灯笼”、“绿芸”等名品。每当早春，春梅绽放，争艳吐白，异彩纷呈，秀枝横逸，百态千姿，竞丽争妍。而蜡梅先于春梅绽放于寒冬，黄花朵朵，花姿优美，面若宫妆。如若气候适宜，春梅提早怒放，蜡梅延迟凋零，则会出现蜡梅、春梅二梅争奇斗妍的灵峰奇景，更令人心旷神怡。

灵峰探梅

2.南京梅花山

梅花山原名孙陵岗，亦名吴王坟，因东吴的孙权葬在这里而得名，位于南京市中山门外钟山南面，有“梅花世界”之称。山上广植梅树五千多株，有红梅、绿梅、黑梅等一百多种，奇特品种有“朱砂梅”、“五碟梅”、“宫粉梅”、“七星梅”等，均为梅中上品。特别是有一株“半重瓣跳枝”，为梅山独有；另有一株千年古梅，花繁叶茂，花瓣正面近白，背面紫红，香气浓郁。每当花期，几千梅树凌寒怒放，竞丽争艳，登高望之，繁葩似雪，花海荡漾，蔚为壮观。

南京梅花山

3.黄山徽梅

驰名世界的旅游胜地黄山有野生徽梅，主要分布在风景区内芙蓉桥东坡海拔200米处以及一些比较偏僻的地方,深山老林则更为密集。黄山在华东平原上一山凸起,冬季夜间气温可达零下数度,对春节盛开的徽梅是个不小的考验。野生徽梅花白色,萼片五枚,淡绿

黄山徽梅

且小，花态碟形至浅碗形。每当春节前后，各色梅花漫山遍野，把黄山装点得绚丽多彩，令人叹为观止。

4.浙江超山

超山北坡方圆数里遍布梅林，蔚为壮观。其中有宋梅的明代分本，约有五六百年的高龄，是镇山之宝。超山以宋梅亭、浮香阁之山坡探梅为佳。

超山梅花

三、古典园林型赏梅佳处——园中赏梅

1.无锡浒山梅园

位于无锡西郊的东山和浒山南坡，遥临太湖，背依龙山，是湖光山色和江南园林景致搭配得最好的赏梅胜地。园林设计者根据地势高低，结合梅园特点，以梅饰山，倚山植梅，梅以山而秀，山因梅而幽，别具特色，是典型的江南园林式赏梅佳处。园内植梅五千多株，品种繁多，名品荟萃，其中以红梅为主，有“桃色香云”之誉。梅开时节，竞相吐艳，白玉如雪，红晕似杏，犹如置身于“若无香风吹，疑是白云绕”的“玉泽香国”。

无锡梅园

2.苏州梅圃

位于苏州市内，与北寺塔毗邻，属北寺塔公园的“园中之园”。园林设计者以宋代诗人林逋《山园小梅》诗所描写的梅园意境立意，继承中国古典园林的造园手法，以写意山水园的形式，再现古典园林的景观。在弹丸之地，挖池堆山，叠石理水，尤其是临水种的株株垂枝梅，构成“池水倒窥疏影动”的景观，充分体现了梅花的神韵美。“小窗细嚼梅花蕊，吐出新诗字字香”，人们至此赏梅，别有一番意境。

后 记

天行健，君子以自强不息。古人从天地自然的循环往复、变化更新中体验到人也必须奋发图强，在不断行进中完善自我，与天地同参，与万物合一。观照天地万物，并以之类比于人事、道德甚至情感，是中华民族特有的思维方式。青青翠竹，虚心有节；郁郁青松，岁寒不凋；空谷幽兰，无人自芳；东篱秋菊，傲睨霜露。故文人士大夫修身养性之时，多以之为朋。

至若山崩河竭，临危而受命之时，萧墙祸起，有志而弗申之际，仁人志士又当以何为友？答曰：梅花！

最初，梅花因其果实梅子具酸味而被当做佐料，后被赋予“佐王化泽万民”之意。“鼎实自期终有待”，修身、治国、平天下、泽被万民，是古代每位知识分子的志向；至若“道之不行”，则“士不可不弘毅”。在经历严酷的磨练与调整之后，他们的意志更加坚定，胸怀更加开阔，目光更加远大，生活更加充实，就像梅花一样，“风虽强暴翻添思，雪欲侵凌更助香”。即使仍不为人所知，甚至为群小所忌、为寇仇所困，亦是“不知不愠”；直至在生死考验关头，“舍生取义”、“杀身成仁”，就像梅花一样“零落成泥碾作尘，只有香如故”。

梅花就是我们中华民族精神的象征。有歌云：“梅花梅花满天下，愈冷它愈开花，梅花坚忍，象征我们巍巍的大中华。看啊，遍地开了梅花，有土地就有它。”而我们祖祖辈辈孜孜以求的“踏雪寻梅”不就是为了找寻我们精神的家园吗？

故曰：《踏雪寻梅——中国梅文化探寻》为中华梅文化之传记，亦是梅之可贵精神之传记。

张建军

2009.11 于上海